PENSE RICO PARA FICAR RICO

AS QUATRO REGRAS DE OURO PARA TER SUCESSO NOS NEGÓCIOS

Conforme Novo Acordo Ortográfico

Larry John

PENSE RICO PARA FICAR RICO

AS QUATRO REGRAS DE OURO PARA TER SUCESSO NOS NEGÓCIOS

Tradução:
Ana Verbena

Publicado originalmente em inglês sob o título *Think Rich to Get Rich*, por Arcturus Publishing Limited.
© 2006, Arcturus Publishing Limited.
Direitos de edição e tradução para todos os países de língua portuguesa.
Tradução autorizada do inglês.
© 2016, Madras Editora Ltda.

Editor:
Wagner Veneziani Costa

Produção e Capa:
Equipe Técnica Madras

Tradução:
Ana Verbena

Revisão da Tradução:
Bianca Rocha

Revisão:
Maria Cristina Scomparini
Arlete Genari

Dados Internacionais de Catalogação na Publicação (CIP)
(Câmara Brasileira do Livro, SP, Brasil)

John, Larry
 Pense rico para ficar rico: as quatro regras de ouro para ter sucesso nos negócios/ Larry John; tradução Ana Verbena. – São Paulo: Madras, 2016.
 Título original: Think rich to get rich
 ISBN 978-85-370-0547-7

 1. Riqueza 2. Sucesso em negócios I. Título.

 09-11480   CDD-650.1

Índices para catálogo sistemático:

1. Sucesso nos negócios: Administração 650.1

É proibida a reprodução total ou parcial desta obra, de qualquer forma ou por qualquer meio eletrônico, mecânico, inclusive por meio de processos xerográficos, incluindo ainda o uso da internet, sem a permissão expressa da Madras Editora, na pessoa de seu editor (Lei nº 9.610, de 19.2.98).

Todos os direitos desta edição, em língua portuguesa, reservados pela

MADRAS EDITORA LTDA.
Rua Paulo Gonçalves, 88 – Santana
CEP: 02403-020 – São Paulo/SP
Caixa Postal: 12183 – CEP: 02013-970
Tel.: (11) 2281-5555 – Fax: (11) 2959-3090
www.madras.com.br

Índice

Prefácio – Por que Escrevo 9
   Quem Está Pensando para Quem? 10
   O Pensador Pragmático 11

Introdução – Procuram-se Empreendedores! 13
   Ser Rico é Estilo de Vida 14
   Siga a Fórmula 15

Capítulo 1 – Os Quatro Pilares da Riqueza 17
   A "Fórmula da Riqueza" 18
   O Estado de Ser Rico 19
   Primeira Regra: Duas Vezes Melhor pela
   Metade do Preço 20
   Segunda Regra: Compartilhe
   o Conhecimento 21
   Terceira Regra: Compartilhe a Riqueza 22
   Quarta Regra: Pare de Fazer o Fazer 22

Capítulo 2 – Pilar Um: Duas Vezes Melhor pela Metade do Preço 25
    A Importância dos Clientes 26
    Mantendo os Clientes... 27
    Vida Boa 28
    Enriquecer Rápido?.. 28
    O que Fazer para Ficar Rico?................................. 29
    Escolhendo um Negócio 30
    Mesmo Serviço... Duas Vezes Melhor...
    Metade do Preço 31
    Foco na Qualidade 31

Capítulo 3 – Pilar Dois: Compartilhe o Conhecimento 33
    Não Seja Insubstituível 34
    Não Faça: Ensine! 35
    Aprendendo do Jeito Esperto................................ 36
    Ensinando do Jeito Esperto................................... 37
    "Jogar na Fogueira"... 38
    Observe os Bastidores... 39

Capítulo 4 – Pilar Três: Compartilhe a Riqueza 41
    Por que Pagar o Dobro? 42
    Compartilhando a Riqueza 43
    Pague uma Porcentagem 44
    Gastar Dinheiro para Ganhar Dinheiro 45

Capítulo 5 – Pilar Quatro: Pare de Fazer o Fazer 47
    A Força das Palavras 48
    Deixando que os Outros "Façam o Fazer" 49
    Quero Ver o Dinheiro!... 51

ÍNDICE

Capítulo 6 – Os Vários Aspectos das Vendas............ 53
   Faça Aqueles Telefonemas!...................................... 54
   Fale com o Responsável pelas Decisões 55
   Encontrando-se com o Cliente 57
   O Como e o Porquê 58

Capítulo 7 – Crie e Espere 61
   Crie e Espere 62
   Criar Começa pela Cabeça 63
   A Oportunidade 64
   Botando Fé 65
   Trabalhe enquanto Dorme! 67

Capítulo 8 – Desejar *versus* Fazer 69
   O Sexto Requisito 70
   Fantasiar... 70
   ... Ou não Fantasiar 71
   Nem Passado, nem Futuro... 73
   ...Agora! 74
   Desejar e Fazer 76

Capítulo 9 – Sucessos e Fracassos na Aplicação do Pilar Um 77
   Recusar Negócios? 78
   Tempo para Compartilhar 79
   Quando Contratar? 80
   Não "Ótima Qualidade pelo Preço Que Cobram", mas sim "Ótima Qualidade" 81
   Vendas, Vendas, Vendas... 82
   ... E mais Vendas! 83
   O Seu Pedaço do Bolo 85
   Venda a Ideia 87

Capítulo 10 – Sucessos e Fracassos na Aplicação do Pilar Dois 89
    Não Posso nem Vou Ensinar 90
    Saiba Quais São Suas Competências 92
    Dinheiro ou Diversão? 94

Capítulo 11 – Sucessos e Fracassos na Aplicação do Pilar Três 97
    Mantenha a Equipe 98
    Pague-lhes mais antes que Eles Peçam 100

Capítulo 12 – Sucessos e Fracassos na Aplicação do Pilar Quatro 103
    Um Passo de Cada Vez 104
    Arrumando mais Negócios 105
    Hora de Parar de Fazer o Fazer 106

Capítulo 13 – Pegue a Bola e Corra para o Gol 109
    Seja Qual For o Seu Estilo de Vida – Seja Rico .. 110

O Autor 113

Agradecimentos 115

Prefácio
– Por que Escrevo –

Quando a gente pensa sobre pensar, "pensar" é um assunto interessante para se pensar. Pensar é algo sobre o qual se pode *de fato* pensar. Não se pode comer sobre comer. Não se pode nadar sobre nadar, mas se pode pensar sobre pensar. Adoro pensar sobre a forma como pensamos, sobre o que pensamos e sobre a causa e o efeito de nosso pensamento. Ainda assim, será que somos tão ocupados que não temos tempo de pensar? Será que estamos tão cansados e entorpecidos que pensar é a última coisa

> *Adoro pensar sobre a forma como pensamos, sobre o que pensamos e sobre a causa e o efeito de nosso pensamento.*

sobre a qual pensamos? Será que cada vez mais pensamos cada vez menos?

Quem Está Pensando para Quem?

Imprensa, políticos, líderes religiosos, pais, professores, estudiosos, médiuns, celebridades, publicitários, chefes, amigos e até tradições e superstições: estaríamos permitindo que todos eles pensem por nós? Estariam nos dizendo como deveríamos e precisamos pensar? Estaríamos aceitando o pensamento dos outros sem pensar por nós mesmos? O pensador pragmático é alguém que observa a si mesmo, as outras pessoas e os problemas do mundo à sua volta da forma mais prática possível. Esforçamo-nos para pensar por conta própria, examinando a causa e o efeito de nosso pensamento.

Eu me esforço para ver as coisas como realmente são, não apenas como quero que elas sejam, ou como me disseram que elas são. Questiono tudo e me divirto muito no processo. A maioria das pessoas joga tênis ou *squash*, pratica caiaque, faz caminhadas ou joga golfe para se divertir. Eu penso. A vida tem a ver com as perguntas, não com as respostas. As respostas estão sempre mudando, mas as perguntas permanecem as mesmas. Sinceramente, quanto mais eu sei, mais sei que de nada sei. Muitas vezes, as coisas em que pensei em determinado dia me parecem tolices no dia seguinte. Então escrevo para poder pensar de forma mais clara. Quero viver a vida ao máximo com a mente completamente aberta! Pensar é difícil, talvez seja por isso que muitos de nós adoram comer tanto. Se não se pode ter a "mente completamente aberta", por que não escancarar a boca? Eu que o diga!

O Pensador Pragmático

Eu brinco muito em meus comentários, pela simples razão de que isso me diverte. Entretanto, na maioria das vezes, sou sério como um infarto com relação aos meus pensamentos. Não busco seguidores, fãs ou discípulos. Não sou assim tão esperto, nem tão estúpido. Só espero que meus comentários façam com que você queira pensar e ajudem-no a tornar o pensar um hábito. Já foi dito que deveríamos "pensar fora da caixa" [em inglês: *To think outside the box*, significa pensar de um ponto de vista mais amplo], mas muitos de nós nem mesmo pensam dentro da caixa! Ei! Pensar é bom! Como disse Albert Einstein: "Não é possível resolver nossos problemas utilizando o mesmo tipo de pensamento usado para criá-los".

Portanto, eu tento pensar. Tento ver o mundo da forma mais pragmática possível. O *site* Pragmatism Cybrary (biblioteca cibernética do pragmatismo) define o pragmatismo como "um grande movimento intelectual iniciado nos Estados Unidos ao final dos anos 1800". Os pragmatistas já influenciaram a política, o direito, a educação, as religiões e todas as disciplinas acadêmicas. Hoje em dia, o pragmatismo é um dos campos mais ativos dentro da filosofia norte-americana, e o interesse mundial nele não parou de aumentar. Em 1907, William James, conhecido pragmatista, descreveu o pensamento pragmático, ou pensamento científico, dando o seguinte conselho: "Verifique a veracidade de uma ideia ou crença" e então pergunte: "Que diferença fará na vida de qualquer pessoa se isso for verdade? Como a verdade poderá ser percebida? Que experiências serão diferentes daquelas que você obteria se a crença fosse falsa? Para resumir, qual o valor monetário dessa verdade, em termos práticos?"

Charles S. Peirce, fundador do pragmatismo, colocou da seguinte forma: "O pragmatista sabe que duvidar é uma arte a ser adquirida com dificuldade". Portanto, eu duvido de tudo, especialmente do meu próprio pensamento. A verdade está sempre evoluindo conforme nós evoluímos. Isso deixa a vida divertida. Estamos sempre pensando, independentemente de nossa vontade. Pense nisso... pragmaticamente, é claro!

Introdução
Procuram-se Empreendedores!

Neste momento, você está lendo um livro que eu não queria escrever. Não porque eu não goste de escrever (eu adoro), mas porque escrever sobre o assunto riqueza e dinheiro é como botar voluntariamente a cabeça na guilhotina. Rowena Harwood, uma professora de inglês do colegial de um velho amigo meu, costumava dizer a seus alunos: "Seus amigos anseiam por derrubar você". Isso se aplica ainda mais quando se está ensinando alguém a ficar rico e ter tanto dinheiro quanto desejar. As pessoas anseiam por dizer: "Ele não é assim tão rico... O que ele

> *Ser rico é um estilo de vida, uma atitude e uma cabeça.*

sabe sobre ficar rico?". O motivo é que se está lidando com um conceito que não pode ser facilmente definido. As pessoas rapidamente dirão: "Você não sabe o que é riqueza", e talvez eu não saiba. Mas, dito isso, fui forçado a arrumar uma definição que funciona para mim. Considero que sou rico quando sou capaz de fazer tudo o que quero na vida, como viajar e ir para onde eu quiser, comprar o que eu quiser e viver onde eu quiser, na casa que eu quiser, dirigindo o carro que eu quiser, e nunca – isso mesmo –, nunca ter de olhar para o meu extrato bancário. Isso significa que sempre haverá dinheiro em abundância para cobrir todos os cheques e custos para sustentar meu estilo de vida. Essa é a minha definição de **rico**.

Ser Rico é Estilo de Vida

Rico não pode ser definido com números; apenas através de um estilo de vida. Se você precisou se perguntar se é rico, então não é. Quando você é rico, você sabe que é. Mas, pela minha definição, uma pessoa pode ser rica ganhando cem mil dólares por ano ou menos, assim como se ela ganhar um milhão por ano. O oposto também valeria. Uma pessoa pode ser pobre ganhando um milhão por ano. Eu posso ser rico com muito menos do que muitas pessoas ricas. É que simplesmente não preciso de todos os brinquedos de que elas precisam. Afinal, as coisas básicas para viver, como casa, comida e vestimentas, são supridas com uma renda bem mais baixa: ser rico tem a ver com os brinquedos. Tenho condições de ser rico e feliz em uma casa de 300 mil dólares e alguns acres para meus cavalos, dirigindo minha Harley Heritage Soft Tail, tanto quanto um amigo que viva em uma mansão de milhões de dólares, dono de um Mercedes de cem mil. Isso é o legal de ser rico. Você é o único que precisa saber. Ser rico é um estilo de vida, uma atitude e uma cabeça. Outro dia eu estava falando com um amigo sobre ficar rico, dizendo que eu poderia ser rico ganhando 250 mil dólares por ano. Ele me interrompeu, dizendo: "Você só pode estar brincando. Não dá para ganhar 250 mil por ano e ser rico". Porém, esse amigo nunca ganhou mais do que 20 mil dólares por ano, mas foi rápido ao dizer que 250 mil não eram suficientes para tornar-me rico. Perguntei-lhe se alguma vez ele já havia ganhado 250 mil por ano, e, quando ele respondeu que não, eu disse: "Quando você estiver ganhando essa quantia, diga-me se sente que está rico. Se não se sentir rico, então lhe dou toda a razão. Mas, se você se sentir rico, eu estou certo! A riqueza não tem a ver com números, mas com estilos de vida".

Siga a Fórmula

Então, enquanto lê este livro, tente não confundir uma certa quantia de renda com a ideia de ser rico. **Não** são a mesma coisa. Como consultor de vendas, marketing e publicidade, além de empreendedor, tem sido um prazer para mim trabalhar com centenas de homens e mulheres de negócios que enriqueceram por meio do trabalho. Sem exceção, **todos** seguiram a mesma fórmula para obter riqueza. Os Quatro Pilares da Riqueza têm sido os mesmos para todos os que enriqueceram montando seu próprio negócio. Se você seguir a fórmula dos Quatro Pilares, também poderá tornar-se rico. Não se trata de **se** isso vai acontecer, mas sim de **quando**! A velha ideia de "Estude, arrume um emprego e fique rico" simplesmente não vale mais. Eu diria que, em grande parte dos casos, é mais provável: "Estude, arrume um emprego e fique pobre". Há pouquíssimos empregos capazes de manter o ritmo com os custos altos da inflação e uma quantidade cada vez maior de pessoas atrás de oportunidades cada vez mais escassas. Vivemos em um mundo tecnológico cujo objetivo principal é tornar a vida mais fácil e rápida, ao mesmo tempo em que a necessidade de fábricas e operários é reduzida. Centros industriais que costumavam empregar mais de 20 mil trabalhadores hoje em dia têm menos de 200, e muitas fábricas abriram falência. Mais e mais pessoas graduam-se nas universidades e acabam ficando desempregadas ou sendo forçadas a trabalhar em empregos de baixa renda, pagos por hora, só para conseguir bancar o aluguel. Ei, se você não acredita em mim, simplesmente se gradue em filosofia e tente conseguir um emprego. Ou você vira professor ou começa a ganhar uns trocados cortando grama, e o mais engraçado é que cortar grama pode enriquecê-lo mais rapidamente do que uma carreira lecionando! É por isso que escrevo este livro: quero ajudar as outras pessoas a ficarem ricas, e, é claro, ao longo do caminho eu também ganharei mais dinheiro. Assim posso continuar aproveitando minha própria definição de riqueza e ajudar os outros a assegurarem um lugar na prosperidade. Pense nisso.

CAPÍTULO 1

Os Quatro Pilares da Riqueza

Para começarmos, vou repetir algo que já disse na Introdução. "Os Quatro Pilares da Riqueza têm sido os mesmos para todos os que enriqueceram montando seu próprio negócio. Se você seguir a fórmula dos Quatro Pilares, também poderá tornar-se rico. Não se trata de **se** isso vai acontecer, mas sim de **quando**!" Se você é um empreendedor, tem uma empresa ou a responsabilidade de dirigir uma, com todos os encargos que isso acarreta, este livro é para você. Se atualmente você trabalha para outros, começar o seu próprio negócio para ganhar um

> *Alguns querem poder, outros querem fama, mas quase todos nós queremos dinheiro.*

dinheiro extra "por fora" pode ser a resposta. Este livro certamente mostrará o caminho.

A "Fórmula da Riqueza"

Uma coisa que eu sei com certeza é que a maioria das pessoas quer ser rica. Alguns querem poder, outros querem fama, mas quase todos nós queremos dinheiro. Então bolei uma "Fórmula da Riqueza" que é 100% bem-sucedida. Essa fórmula, quando seguida com precisão, vai torná-lo **rico**. Muitos de nós já ouvimos: "Se você trabalhar duro, vai ganhar dinheiro". É verdade, mas a questão é: quanto dinheiro? Já vi pessoas que trabalham duro no McDonalds, no Wal-Mart, na Taco Bell, na Ace Hardware ou em companhias imobiliárias, de seguros, de publicidade, treinando cavalos, cozinhando ou construindo casas. Trabalham entre 10 e 12 horas por dia, seis ou sete dias por semana, e nunca sobra uma grana extra no final do mês. Portanto, olhando de forma pragmática, trabalhar dura e longamente com certeza não é garantia de riqueza. Alguns dizem que o segredo de ficar rico é "trabalhar de forma inteligente", e não "trabalhar duramente". Acho que sei a que se referem quando falam nisso. Explicaram-me que esse conceito de "trabalhar de forma inteligente" está relacionado a fazer as coisas que são **importantes**, e não apenas as que são **urgentes**. Admito que esse é certamente um passo necessário na direção certa, mas um passo não é o suficiente para ficar rico. Para bolar uma fórmula real de ganhar dinheiro e mantê-lo, observei e avaliei todas as pessoas ricas que conheço. Lá no colégio, na aula de Ciências, todos aprendemos que a fórmula da água é H_2O, ou dois átomos de hidrogênio e um átomo de oxigênio. HO_2 é bem diferente. A fórmula da água é o que é, e você não pode mudá-la. Então, qual é a fórmula pragmática para ficar rico?

O Estado de Ser Rico

Veja: quando falo em "ficar rico", não me refiro a "estar bem de vida", "se virar", "estar OK" ou "viver com tranquilidade". Estou falando de ser *rico*, o ponto em que o dinheiro não comanda a sua vida, mas você comanda o dinheiro. É aquele ponto em que você faz as coisas que quer fazer, quando quiser fazê-las, sem se preocupar sobre como irá pagar por elas. Não preciso dizer se você é rico: você mesmo sabe, quando é. É como quando alguém questiona: "Como saberei que cheguei lá?" Se foi preciso perguntar, então você ainda não chegou. Se foi preciso se perguntar se você é rico, então você ainda não é. Ser rico não é um número, é um estado de espírito e um estilo de vida. Mas acredite, quando você for rico... você saberá.

Apresento então a fórmula pragmática que o fará rico. O sistema é baseado nos quatro gigantescos Pilares da Riqueza. O uso de um ou dois dos pilares vai ajudá-lo a ganhar mais dinheiro; porém, se usar todos os quatro, ficará rico. Então não diga que não precisa de algum deles. Precisa de todos para enriquecer. Cada um dos pilares tem uma regra associada a ele. Siga a regra... fique rico. É simples assim.

Primeira Regra: Duas Vezes Melhor pela Metade do Preço

A regra do primeiro pilar é: "O que quer que você decida fazer... **faça-o duas vezes melhor pela metade do preço!**" Fácil, não? Você mesmo poderia ter bolado essa regra. O que quero dizer aqui é que, independentemente do serviço ou produto oferecido, não o ofereça apenas por metade do preço e não tão bom: não! Tem de ser duas vezes melhor que o dos concorrentes... mas pela **metade do preço**. Descubra você mesmo como fazer isso. O Wal-Mart e o Target vendem a mesma mercadoria que se pode comprar nas outras lojas, mas custa muito menos. Eles descobriram como fazer isso, e, mesmo que algumas pessoas odeiem comprar nessas lojas, elas ainda o fazem. É claro que o Wal-Mart acaba com as lojas menores, mas isso é o capitalismo. Capitalismo é apenas outro nome para a Guerra dos Negócios. Mas estou me desviando do assunto. Costumava-se dizer que, se você quer ganhar um milhão de dólares, deveria construir uma ratoeira melhor. Isso pode ser verdadeiro se a ratoeira melhor custar menos do que a antiga ratoeira padrão. Porém, se a ratoeira mais nova e melhor custar duas vezes mais, você terá bastante trabalho para convencer as pessoas de que a sua ratoeira é de fato melhor e vale o preço extra. Escreverei mais sobre esse conceito de duas vezes melhor pela metade do preço mais adiante neste livro. Mostrarei como ser duas vezes melhor e como é importante a questão do preço. Você pode não conseguir cobrar metade do preço, mas percepção é realidade, então continue lendo. Por hora, lembre-se de que menos é sempre melhor quando se trata da mente humana. Temos cobiça em nossas almas. A qualidade certamente vende, mas venda uma qualidade duas vezes melhor pela metade do preço e você venderá muito mais, de forma mais fácil e rápida. Você está no caminho para tornar-se rico. Mas isso não é tudo.

Segunda Regra: Compartilhe o Conhecimento

A regra do segundo pilar é: "Compartilhe o conhecimento". Isso significa ensinar os outros a fazer o que você faz. Em outras palavras, se você é um grande paisagista, ensine aos outros como faz até que eles fiquem tão bons quanto você, ou melhores. Se você é um grande fabricante de casas de brinquedo, ensine aos outros como fazer casas de brinquedo tão bem quanto você é capaz de fabricá-las, ou melhor do que você. Outro jeito de encarar: assim que você houver se tornado o melhor jogador de basquete do time, ensine alguém a ser tão bom quanto você, ou melhor, e vire treinador. Você nunca conseguirá ficar rico se todo o seu tempo pessoal, sua energia e seus recursos estiverem limitados em "fazer o fazer". Não dá para ficar rico ocupando-se de fazer o paisagismo, sem tempo para fechar mais negócios. Assim que começar a perceber que 70% a 80% do seu tempo está tomado, comece a compartilhar o conhecimento. Não espere ficar tão ocupado que não tenha tempo para compartilhar seu conhecimento. Isso é importante.

Terceira Regra: Compartilhe a Riqueza

A regra do terceiro pilar é: "**Compartilhe a Riqueza**". Isso significa estar disposto a abrir mão da maior fatia do bolo para poder ganhar mais dinheiro. Enriqueça os outros para se tornar rico. É melhor ficar com 25% a 50% de uma quantia grande de dinheiro do que ter 100% de uma quantia pequena. Compartilhe o conhecimento (Pilar Dois) e a riqueza (Pilar Três) e comece a ganhar dinheiro com a qualidade e a quantidade do seu trabalho. Entretanto, não será você quem estará fazendo esse trabalho de qualidade. Será preciso ter ensinado um número suficiente de pessoas capazes de realizar o trabalho, e é em troca do trabalho delas que você abrirá mão de parte da riqueza.

Quarta Regra: Pare de Fazer o Fazer

A regra do quarto pilar é: "**Você tem que estar disposto a parar de fazer o fazer e trabalhar apenas em conseguir mais para fazer**". Em outras palavras, é preciso estar disposto a parar de fazer paisagismo, ou seja qual for seu negócio, e passar mais tempo arrumando mais trabalhos para as pessoas que treinou. Isso significa estar disposto a vender seus serviços e parar de fazê-los. É a coisa mais fácil de ensinar e a regra mais difícil de seguir. É preciso ser o presidente dos "artistas famintos". Entretanto, você não vai querer ser um artista faminto você mesmo. Se você amava pintar, e mesmo se ganhava dinheiro com suas pinturas, não poderá mais pintar. Pode ensinar as pessoas a pintar, e pagá-las para isso, mas não pode pintar você mesmo. Em vez disso, usará seu tempo para vender as pinturas produzidas pelos artistas famintos. É preciso parar de fazer seu negócio e se concentrar em conseguir mais negócios. E não para por aí. Logo você irá contratar outros e compartilhar seu conhecimento novamente, e mostrar a eles como obter mais negócios, como você estava fazendo. Então eles obterão mais e mais negócios de forma que as pessoas treinadas por você possam ganhar mais e mais dinheiro, porque você dividiu com elas esse conhecimento. Agora você é o rei sentado sobre o tesouro, contando todo o seu dinheiro, e como conseguiu chegar lá?

1– Você fez duas vezes melhor pela metade do preço.
2– Você compartilhou o conhecimento e ensinou às pessoas como fazer o que você faz para que elas ganhem dinheiro também.
3– Você compartilhou a riqueza, mantendo apenas 25% a 50% dos lucros e pagando o trabalho das pessoas com o restante.
4– Você parou de fazer seu negócio e começou a conseguir mais negócios.

Em algum ponto você nem vai mais vender, outros o farão por você e poderão ter uma vida compensadora enquanto você fica podre de rico. Ser rico pode não torná-lo mais feliz, mas permitirá que você pare de se preocupar com dinheiro, e pode enriquecer sua vida orientando outros para que possam ganhar dinheiro também. Uma coisa é certa: se você nunca foi rico, não tente me dizer que dinheiro não importa. Por exemplo: pode não ser importante para você, neste momento, se pode ir ao Havaí e tomar banho de sol nas dunas brancas do Resort Grand Waialea. Mas, uma vez tendo estado lá, vai importar, e você vai querer compartilhar isso com sua família e seus amigos. Os que tiveram a experiência saberão a que me refiro. Os que não tiveram podem até dizer que não se importam, mas deveriam. É o mesmo com ser rico. Quando você é rico, quer que outros sejam ricos também. É bom assim. Lembre-se: ser rico não se trata de números – é um estado de espírito e um estilo de vida. Só você saberá quando chegou ao estado de espírito da riqueza. Pense nisso.

CAPÍTULO 2

Pilar Um: Duas Vezes Melhor pela Metade do Preço

Ser duas vezes melhor pela metade do preço é um desses conceitos fáceis de dizer, mas realmente difíceis para a maioria das pessoas pôr em prática. As pessoas podem afirmar que seu negócio ou serviço é duas vezes

> *Os clientes ficarão com você por mais tempo quando se é duas vezes melhor pela metade do preço.*

melhor, mas será que podem prová-lo? As pessoas podem dizer que algo está pela metade do preço, mas será que podem prová-lo? Falar é muito mais fácil do que fazer. Então, utilizemos um pouco de nosso tempo para ter certeza de que compreendemos as razões do primeiro pilar.

A Importância dos Clientes

É nesse pilar que repousa a construção da sua riqueza pessoal. Há duas razões principais pelas quais o seu negócio deve ser duas vezes melhor pela metade do preço. Primeiro: fica muito mais fácil vender. Segundo: os clientes permanecem fiéis por mais tempo. Quando as pessoas o querem mais do que você as quer, porque você vale duas vezes mais pela metade do preço, *vender* acaba tornando-se uma simples questão de *explicar* o seu negócio. Você não tem de ser o melhor vendedor do mundo. Não é preciso saber como trabalhar a atenção, o interesse, a convicção e o desejo do cliente, além dos passos finais para o fechamento do negócio. Não é preciso saber observar os sinais de que o cliente está interessado em comprar. Tudo o que você tem de fazer é dizer aos clientes em potencial o que o seu produto ou serviço faz, e porque é duas vezes melhor pela metade do preço, e os clientes irão implorar a você pela compra, em vez do contrário. Se existe necessidade do serviço ou do produto, e se as pessoas estão dispostas a pagar por ele, então ficará muito mais fácil vender. Além do mais, os clientes ficarão com você por mais tempo quando se é **duas vezes melhor pela metade do preço**.

Mantendo os Clientes

Perceba que, uma vez que você fechou o negócio, especialmente quando se trata de serviços, deve certificar-se de que os seus clientes não o abandonem. Vender a um cliente é muito mais fácil do que manter um cliente. Eles são inconstantes. Acordam um dia de manhã e, sem razão aparente, decidem que irão trocá-lo por outro. Entretanto, digamos que você está no negócio de paisagismo e corte a grama de clientes residenciais. Um dia a sua equipe não faz o trabalho todo exatamente perfeito a uma de suas clientes. Digamos que não apararam direito um dos arbustos, de forma que sua cliente volta para casa do trabalho após um dia estressante, sai do carro e detecta o arbusto não tão perfeito. Ela quer despedir você na hora. Ela vai direto ao telefone e começa a ligar para outras companhias de paisagismo, e acaba descobrindo que elas não oferecem todos os serviços que a sua companhia oferece e que cobram o dobro do preço. De repente ela se acalma e pensa: "Foi apenas um dia ruim. Eles sempre fazem um ótimo trabalho. Da próxima vez, farão tudo certinho", e você continuará com a cliente. Portanto, essa é a estratégia por trás de **ser duas vezes melhor pela metade do preço**. Veja, se você faz tão bem pelo mesmo preço, seus clientes têm uma escolha. Se eles não escolhem você, podem optar por uma lista de outras companhias que fornecem o mesmo tipo de serviço ou produto. Não são obrigados a ficar com você. Mas, quando se perguntam quem irão escolher no seu lugar e ficam sem saber a resposta, a probabilidade de o abandonarem é mínima. A cobiça é uma ótima motivação para que os clientes fiquem com você. Todos querem um produto ou serviço que seja melhor do que os do concorrente e custe menos. Repito: vender aos clientes e mantê-los é um dos segredos de ficar rico e permanecer rico.

Vida Boa

Eu estava conversando com uma amiga sobre o que ela queria da vida. Assim como a maioria de nós, é claro, ela queria paz de espírito e riqueza. Perguntei o que ela queria dizer com paz de espírito, e ela definiu como parar de se preocupar tanto com dinheiro. Eu disse que esse tipo de paz de espírito é fácil; o difícil é encontrar os outros tipos de paz de espírito. De qualquer forma, ela disse que, se pudesse ganhar 250 mil dólares por ano, iria se considerar rica. Perguntei-lhe então o que faria para ganhar essa quantia, e ela disse: "Não quero fazer nada. Só quero ganhar na loteria, ou ter um marido que ganhe esse tanto. Quero cozinhar para os meus amigos e ter dinheiro suficiente para fazer o que eu quiser quando quiser, seja viajar ou ficar em casa, simplesmente vivendo livre de preocupações com relação a não ter dinheiro suficiente". Bem, eu também.

Enriquecer Rápido?

Eu gostaria de entrar na questão de enriquecer rapidamente e dos efeitos que essa questão traz. Parece besteira o fato de que a maioria das pessoas com quem eu converso quer ganhar na loteria e viver o resto de suas vidas fazendo nada. Mas é impossível não fazer nada. Mesmo sentar-se, contemplando o próprio umbigo, é fazer algo. Então, mesmo que ganhemos na loteria, temos de fazer algo. É por isso que, se possível, você deveria começar o seu negócio fazendo algo de que realmente gosta. Isso deixa a vida mais divertida. Quando você é apaixonado pelo que está fazendo para ganhar dinheiro, a experiência de trabalhar acaba se assemelhando à de brincar. Seria difícil para mim ter uma empresa de paisagismo, mesmo se ela me rendesse um milhão de dólares por ano. Não tenho paixão alguma por cortar grama e aparar arbustos. Paisagismo seria apenas um trabalho, para mim. Por outro lado, ter uma empresa de vendas, publicidade e marketing é a verdadeira paixão da minha vida. Meu ponto é que você precisa começar um negócio fazendo algo que realmente aprecie e pelo qual tenha verdadeira paixão. Também ajuda muito se você for bom no que faz. Eu nunca seria capaz de sobreviver pintando quadros... a menos que figuras de pauzinho voltassem à moda!

O que Fazer para Ficar Rico?

Grande parte de nós não irá ganhar na loteria, então é melhor pensarmos no que *fazer* para ficarmos ricos. Só querer ser rico não funciona; se funcionasse, seríamos todos ricos. Nunca conheci uma pessoa que quisesse ser pobre. Nunca conheci alguém que quisesse se preocupar com dinheiro. Não seja bobo! Todos nós queremos ser ricos. Então, o que *você* pode fazer para enriquecer? O que você pode fazer duas vezes melhor pela metade do preço?

Escolhendo um Negócio

É recomendável escolher um ramo que tenha procura, por cujos produtos ou serviços as pessoas estejam dispostas a pagar. Não importa se você acha o negócio maravilhoso; se as pessoas não quiserem os seus serviços, você não tem um negócio. Tente escolher um com o maior escopo possível de clientes em potencial que puder. Você pode ser realmente talentoso em observar lesmas, mas não conheço muitas pessoas que pagariam para que você fizesse isso para elas. O melhor jeito de escolher o seu negócio é optar por algo que tenha uma grande concorrência, o que significa que há grande demanda; então, estude a empresa líder da área. Conheça o Número Um melhor do que conhece seus próprios filhos. Saiba quanto cobra, que serviços oferece, quais são seus fornecedores, seus melhores clientes, o que motiva as pessoas a procurarem-no, quantas pessoas trabalham para ele, e assim por diante. A questão é que, se você não *conhece* o concorrente, não pode derrotá-lo. Afinal, negócios são uma guerra. A maioria de nós não mata mais os outros para tomar terras, casas ou bens – apenas os derrotamos nos negócios. Se você não conhece o concorrente e a forma como ele pensa, o que faz, nem sabe como fazer melhor do que ele, não é possível formar uma estratégia para derrotá-lo em seu próprio jogo.

Mesmo Serviço... Duas Vezes Melhor... Metade do Preço

Assim que tiver respondido a essas questões, é simples. Tudo o que você tem que fazer é oferecer os mesmos serviços que o Número Um oferece, e fazê-lo **duas vezes melhor pela metade do preço**. Você tem a vantagem. O Número Um não vai nem notar que você está tomando uma fatia do negócio. O Número Um é grande demais para perceber. Você é Davi e ele é Golias. Considerará até uma tolice que você esteja tentando. Mas você pode ser tolo até chegar ao banco. Quando o seu negócio realmente for duas vezes melhor pela metade do preço, os clientes virão até você. Só é preciso informá-los de que o seu negócio existe, e eles virão correndo bater à sua porta. Falaremos mais sobre essa questão do marketing e das vendas adiante. Por hora, é preciso saber que você está no negócio de vendas. E nunca parará de vender até completar o Pilar Quatro.

Foco na Qualidade

Por enquanto, concentre-se no negócio que você tem ou que está criando e em como pode ser **duas vezes melhor pela metade do preço**. Se não é possível cobrar metade do preço, tente chegar o mais próximo que você puder desse número, mas nunca haverá desculpa para não ser duas vezes melhor. Apenas serviço de qualidade pode torná-lo duas vezes melhor. Quando você for realmente duas vezes melhor pela metade do preço, e passar a fechar cada vez mais negócios a cada dia, estará pronto para "compartilhar o conhecimento". Pense nisso.

CAPÍTULO 3

Pilar Dois: Compartilhe o Conhecimento

Uma vez que você montou um negócio que sabe que vai ter bastante procura e estiver "fazendo o fazer", ganhando dinheiro, refinando seus serviços, vencendo os concorrentes, e que 60% a 70% do seu tempo estiver sendo usado para servir aos clientes que você tem, estará pronto para o Pilar Dois. Será nesse momento que você

> *Se estiver disposto a compartilhar o conhecimento, encontrará alguém que fará o serviço melhor que você.*

compartilhará o conhecimento sobre o seu negócio e ensinará alguém a ser tão bom quanto você.

Não é? Não! Você tem de ensinar essa pessoa a ser *melhor* do que você em seu próprio ramo. O motivo de começar esse processo quando 70% a 80% seu tempo estiver sendo usado para servir à sua carteira de clientes é que, se você não começar nesse momento, perderá a oportunidade. Logo estará 100% ocupado, só cuidando dos negócios, e não terá tempo de vender os seus serviços. Lembre-se de que você não pode deixar de lado as vendas, ou estará acabado. Chegará a um ponto em que não conseguirá progredir para o próximo estágio do empreendimento. Você é a chave do próximo passo. Seu negócio precisa de você e você precisa de tempo.

Não Seja Insubstituível

Agora, não direi que você não estará ganhando dinheiro... você vai estar. Mas não vai conseguir fazer o negócio crescer porque não terá tempo para isso. Você agora criou um negócio duas vezes melhor pela metade do preço, e tem mais trabalho do que jamais imaginou, e nesse ponto poderá pensar que ninguém é capaz de substituí-lo. Só você pode fazer o que faz. Se parar de servir a seus clientes, eles irão abandoná-lo.

Nesse ponto você vai querer contratar alguém para vender seus serviços de forma a ter tempo para servir aos clientes, e a razão é que você é incrivelmente adorado por eles. Pare com esse raciocínio tonto. A razão pela qual

PILAR DOIS: COMPARTILHE O CONHECIMENTO

seus clientes vêm até você é o fato de fazer duas vezes melhor pela metade do preço. Você é uma pessoa legal, mas seus clientes o abandonariam e escolheriam outra empresa se esta provesse serviços pela metade do preço, duas vezes melhor. Lembre-se: você nunca pode ser "tão bom quanto" e "pelo mesmo preço", ou perderá seus clientes. Você é a chave para as novas vendas, os novos clientes e os novos negócios. Ninguém, pelo menos até agora, pode vender o seu negócio tão bem quanto você. Ninguém! Sei que muitos não concordarão com isso. Você pensa que é tão bom em cortar grama que acredita que ninguém será capaz de cortar grama tão bem quanto você, mas acredite: se estiver disposto a **compartilhar o conhecimento**, encontrará alguém que fará o serviço melhor que você. É triste, mas é verdade; você é substituível. Você irá aos poucos se retirar da tarefa de trabalhar e ensinará alguém a ser melhor que você.

Não Faça: Ensine!

O melhor jeito de fazer isso é pensar em si mesmo como um mentor. Ensinará alguém a ser melhor que você no seu negócio. Isso significa que precisará ser um bom professor. Para muitos de nós, é preciso ter alguma paciência para isso. Só o fato de sermos empreendedores significa que podemos ser descritos como solitários, e gostamos das coisas feitas do nosso jeito. É nesse ponto que você não deve confundir sistema com método. Se fizer essa confusão, fará uma "microgestão" do seu substituto, que poderá ser fatal. Uso o termo "substituto" porque a pessoa que você está ensinando é seu substituto da mesma forma que os atores suplentes substituem os atores principais no palco. Um ator substituto sabe de cor todas as falas, todas as músicas, todos os movimentos de palco, todas as mudanças de figurino, as deixas e cenas. Porém, dois atores nunca interpretarão um papel exatamente da mesma forma. As falas podem ser iguais, mas a forma como são apresentadas é única e distinta para cada ator individual. É disso que estou falando quando me refiro a "sistemas" e "métodos". O sistema é a forma como a companhia deve ser administrada. E o método é a forma como cada pessoa decide realizar essa administração, ou trabalhar dentro dos sistemas que você montou. Ensine os sistemas, as políticas, as regras, e assim por diante, e deixe que o seu substituto decida como fazer o trabalho da melhor forma. Lembre-se: assim como um ator no palco, as falas são as mesmas, mas o ator interpreta e apresenta de um jeito único. É preciso focar nos sistemas e nas expectativas, mas deixe que o seu substituto decida como fazer os sistemas funcionarem para atingir os resultados e as expectativas desejados. Não é preciso se preocupar com a forma *como* os resultados serão alcançados, mas sim que eles *sejam* alcançados.

Aprendendo do Jeito Esperto

Sistemas são a salvaguarda do seu empreendimento para garantir que o trabalho será desempenhado correta-

PILAR DOIS: COMPARTILHE O CONHECIMENTO

mente e que renda lucro. Você criou esses sistemas enquanto montava o negócio. Criou os melhores sistemas através de muita tentativa e erro. Sabe que seus sistemas funcionam porque foi você quem os fez e porque "já cometeu todos os erros". É claro que haverá mais erros, mas você já sabe o que não fazer e pode agora ganhar dinheiro sem cometer os mesmos erros novamente. É como aprender na infância a não botar a mão no fogo. Você podia acreditar na sua mãe quando ela dizia: "Não ponha a mão no fogo ou você vai se queimar", ou podia simplesmente botar a mão no fogo e queimar-se. O resultado seria o mesmo no fim: você não colocaria a mão no fogo novamente. Entretanto, um jeito de aprender é por meio do sofrimento; o outro é aprender do jeito esperto.

Se o seu substituto é inteligente, ele aprenderá com os seus erros e não botará a mão no fogo. Erros e fracassos são nossos amigos, contanto que consigamos aprender com eles. Quanto mais erros você comete, consequentemente evitando cometer outros, mais sucesso terá no empreendimento. Não tentar é garantia de não ser bemsucedido. Simplesmente pense nisso como um jogo que você precisa vencer a todo custo.

Ensinando do Jeito Esperto

Agora que você aprendeu através do trabalho duro, dos sucessos e dos fracassos... **compartilhe o conhecimento**. Não seria terrível se todos os cientistas tivessem que começar do começo, apenas com o conhecimento de

Aristóteles, considerado o primeiro cientista? Ainda bem que no mundo da ciência há bastante conhecimento compartilhado. Compartilhar ajudará o seu substituto a começar anos-luz de onde você começou. Parte de ficar rico e permanecer rico é justamente dividir o conhecimento para que outros se tornem melhores que você, com a vantagem de poderem aprender com os seus erros. Torne-se o maior professor do mundo. Não permaneça sendo sempre o maior paisagista do mundo. É hora de seguir em frente, e, assim como fez Aristóteles, dividir o que sabe. Mesmo sendo um processo doloroso, os resultados são tão lucrativos que vale a pena.

O ensino requer que você examine cada sistema que mantém atualmente. Escreva sobre cada um deles sempre que possível e espere que o seu substituto aprenda tanto que um dia ele possa até ensinar a você... isto é, se você quiser aprender mais sobre o seu próprio negócio. Mas você não vai querer aprender mais sobre cortar grama, escrever anúncios ou vender uma casa; você já passou por essa fase, já fez o que precisava. Você está no negócio de vender os seus produtos e serviços, além de ensinar; e, quando o aluno se torna mais conhecedor do que o professor... prepare-se para ficar rico!

"Jogar na Fogueira"

A melhor forma de ensinar é a velha lição: "Jogue-os na fogueira e deixe que se virem!" Com isso não quero dizer que você não deva prestar nenhum auxílio: é claro que deve. Você nunca iria querer ser operado no coração por um médico que acabou de sair da faculdade. Você nunca iria querer que um piloto recém-saído da escola de voo pulasse em um 747 e o levasse ao Japão. É por isso que doutores recém-formados trabalham por anos antes que se permita que pisem em uma sala de operações como cirurgiões-chefe. É por isso que os pilotos em treinamento sentam na cabine e ficam só observando, por um tempo. É preciso ensinar ao seu substituto dando-lhe a oportunidade de observá-lo e escutá-lo. Então, jogue-o na fogueira enquanto você fica de olho e espere que grite "socorro" se algo der errado. É preciso que o seu substituto faça o fazer enquanto você está logo ali, próximo o suficiente para estender-lhe a mão e salvá-lo, se ele falhar. Mas não é recomendável ficar ali como mentor e salvador por muito tempo. É preciso dar ao substituto a oportunidade de fracassar. Aprendemos muito mais fracassando do que quando alguém nos fala cada passo que devemos dar para prosseguir pelo caminho.

Observe os Bastidores

Aconselhe, permitindo que o substituto o imite por algum tempo quando você for fazer o fazer. Então faça com que trabalhe enquanto você observa e ajude no momento em que ele precisar. Por fim, vem a parte mais difícil: não apareça para trabalhar. Isso vai ser uma tortura para você. Mas, para conseguir de fato ajudar o substituto a aprender o máximo possível, será preciso afastar-se e ver o que acontece. Deixe que fracasse. Deixe que tenha sucesso. Mas deixe que faça isso sem você por perto. Deixe que faça o fazer sem você. "Quando o aluno estiver pronto, o professor vai aparecer." Contanto que o aluno acredite que sabe, não fará perguntas a você. E o seu substituto não fará perguntas até que você permita que ele pise no palco sem você. Só somos capazes de aprender quando queremos saber. O fracasso evoca perguntas em todos nós. Portanto, responda às perguntas e encoraje o substituto a continuar perguntando. Faça-o perceber que você adora quando ele pergunta. Não o faça se sentir estúpido por perguntar, ou ele não perguntará. Faça com que se sinta inteligente ao fazer as perguntas; ele irá se tornar a estrela, e você pode ficar nos bastidores abocanhando os lucros. Se adora ser sempre a estrela, você nunca poderá ser rico. Estrelas ganham um bom dinheiro, mas são os produtores, os estúdios e as distribuidoras que ficam ricos. Não é necessário ser o melhor paisagista; deixe que o seu substituto o seja. O objetivo é que você seja o dono mais rico de uma empresa de paisagismo.

Não dá para ficar rico fazendo o fazer. Compartilhe o conhecimento e estará pronto para compartilhar a riqueza. Pense nisso.

CAPÍTULO 4

Pilar Três: Compartilhe a Riqueza

É nesse ponto que o seu empreendimento vai começar a ficar divertido. Entretanto, para enriquecer, será preciso suprimir o seu desejo natural de querer tudo para si. Você terá de se comprometer com alguma outra pessoa no sentido de ajudá-la a ficar bem de vida. Você terá de **compartilhar a riqueza**, e isso não será fácil. Entenda que a maioria dos patrões tenta pagar aos funcionários o mínimo possível para tirar o maior lucro. Na verdade, o exato

> *A maioria dos patrões tenta pagar aos funcionários o mínimo possível para tirar o maior lucro. Na verdade, o exato oposto também vale.*

oposto também vale. É preciso pagar o máximo aos funcionários se você quer ficar rico. As pessoas são o recurso mais valioso. Quem trabalha com você e para você tem mais a ver com o seu enriquecimento do que você mesmo. Você tem que tentar proporcionar tanto quanto for possível em termos de salário, benefícios, extras e liberdade, e, quando pensar que já lhes deu o suficiente, dê-lhes mais! Quero que pague a eles o dobro do que ganhariam fazendo o mesmo serviço para outra empresa. Foi isso mesmo que eu disse: "Pague a eles **o dobro!**"

Por que Pagar o Dobro?

Há duas razões para isso. Primeiro: se você pagar duas vezes mais do que os funcionários poderiam ganhar em outro lugar, então, mesmo em seu pior dia, quando eles querem mandar você e o emprego para aquele lugar, pensarão duas vezes antes de fazer isso. Para onde iriam? Se pedirem demissão para procurar trabalho junto a um dos concorrentes, terão que aceitar ganhar metade, sem mencionar a perda dos benefícios. Você vai querer que eles agradeçam aos céus a sorte que têm por você ser tão doido e pagar-lhes tanto.

Segundo: é preciso pagar às pessoas o dobro do que ganhariam para fazer o mesmo trabalho em outro lugar para não ter de voltar novamente ao Pilar Dois e "compartilhar o conhecimento" de novo. Treinar e ensinar leva tempo. A última coisa que você vai querer fazer é voltar e procurar outra pessoa a quem possa ensinar o ofício.

Tempo é dinheiro; se você quer ficar rico, tem de manter seus funcionários consigo para sempre. Se você os ensina bem, dá a liberdade de que precisam para incorporar seus próprios métodos para atingir os resultados desejados e paga a eles duas vezes mais que a concorrência, serão seus para sempre. Irão até pensar duas vezes antes de começar um negócio por conta própria. Por que deveriam? Podem ter todas as vantagens de ganhar um monte de dinheiro e nenhum dos riscos que vêm com administrar um negócio próprio. Ficarão felizes em voltar para casa à noite e esquecer tudo sobre você e o trabalho. Você, por outro lado, nunca para de pensar em seu negócio. O seu empreendimento é seu xodó e precisa ser cuidado 24 horas por dia, sete dias por semana. Ser um empreendedor é interessante. Às vezes pensamos que todo mundo adoraria ser um empreendedor, mas não é verdade. Poucos de nós querem ter essa responsabilidade, as dores de cabeça, as irritações e os riscos que nós empreendedores amamos! Isso nos dá uma razão para levantar de manhã; jogar o jogo! Adoramos o jogo de enriquecer, e mesmo os dias ruins são bons se comparados a ter de trabalhar para outra pessoa. Nem todos os empregadores são tão maravilhosos quanto você.

Compartilhando a Riqueza

Agora falemos um pouco sobre como compartilhar a riqueza. O melhor jeito é pagar ao seu pessoal um salário fixo que seja o dobro do salário pago em outros lugares, e então proporcionar a eles um "pedaço do bolo". Não me importo se você dá a alguém um salário dez vezes maior que a média por seu trabalho, nunca será suficiente. Todo mundo quer um pedaço. Esses extras e incentivos devem ser providos de duas formas.

Pague uma Porcentagem

Em primeiro lugar, você deve compartilhar sua riqueza entregando às pessoas-chave uma porcentagem dos lucros brutos e líquidos mensais. A gratificação imediata é importante quando se treinam animais, e não há nada mais animal do que um ser humano. Nós queremos nossa recompensa agora. Em segundo lugar, você deve pagá-los pela quantidade de negócios que eles trazem para a empresa. Isso lhes dá um incentivo para vender, o que é desejável. É desejável que os funcionários estejam sempre pensando em como aumentar a margem de lucros. Fazer com que se "sintam" participantes nos lucros vai ajudá-lo de duas formas: eles farão sempre um esforço para manter os custos baixos e os lucros altos. Quando você paga apenas um salário fixo, e não o lucro bruto/líquido, não os está incentivando a economizar o seu dinheiro.

Na verdade, você está encorajando seus funcionários a gastar dinheiro para ganhar dinheiro. Não é desejável ter uma empresa que gere bastante lucro bruto, mas pouco lucro líquido – este tem de ser o principal na sua companhia. Você entrou no negócio para ganhar dinheiro, não gastá-lo. Cuidado para não confundir o lucro líquido com o lucro bruto e as contas a receber: estes últimos, você não pode gastar. Pague dois tipos de bônus: um com base no lucro líquido da companhia como um todo e outro com base na contribuição de cada funcionário aos lucros. Você decide quanto pagar; se houver alguma dúvida, pague-lhes mais!

Gastar Dinheiro para Ganhar Dinheiro

Agora voltemos a você... o cara ambicioso. Eu disse que esse pilar não seria fácil. Você dirá a si mesmo coisas do tipo: "Ei... Por que estou pagando tanto para eles? Afinal, fui eu quem começou essa empresa, fui eu quem sofreu para pagar as contas e impulsionar o negócio. Fui eu quem passou noites acordado angustiado com a possibilidade de não conseguir chegar ao fim do mês com dinheiro. Fui eu quem trabalhou 18 horas por dia durante três anos. Eles não se preocupam com seu pagamento. Eles não tiveram que vir trabalhar às 6 horas da manhã para chegar em casa à meia-noite. Não perderam todas as partidas de futebol do time de seus filhos. Simplesmente vieram ao trabalho, realizaram sua função, ganharam seu belo salário no fim do mês e foram para a casa beber cerveja e dormir na frente da TV." Bem, é isso mesmo que você vai pensar, mas não se deixe cair na armadilha. É claro que você trabalhou bastante. É claro que passou muitas noites insones. É claro que paga aos funcionários um belo salário, mas eles estão agora tornando você rico, de forma que você não terá de se preocupar com dinheiro e pode dirigir automóveis caros e viver em mansões e viajar pelo mundo e trabalhar só quando quiser, e onde quiser, se quiser. Seus funcionários são a razão pela qual você tem uma vida maravilhosa e rica e tudo o que eles querem para proporcionar-lhe todas as coisas boas que uma vida rica tem a oferecer é que você lhes pague um belo salário. Dê a eles o que a eles pertence para obter o que pertence a você! É preciso dar para receber. É preciso perder para achar. É preciso pagar bem para ganhar bem. É uma lei indiscutível do Universo. Não me pergunte como e por que essa lei funciona... ela simplesmente funciona. Não sei como nem por que a eletricidade funciona, mas com certeza sei usá-la. Quanto mais se dá, mais se tem... então **compartilhe a riqueza**. Compartilhe até doer. É uma dor tão financeiramente maravilhosa. Pense nisso.

CAPÍTULO 5

Pilar Quatro: Pare de Fazer o Fazer

Nesse ponto você já sabe do que vamos falar. Você criou um negócio duas vezes melhor pela metade do preço. Ensinou uma pessoa, ou várias pessoas, a fazer o seu trabalho... e melhor do que você. Você está disposto a compartilhar a riqueza, e é capaz de fazê-lo, além de entender a razão para cada um dos quatro pilares. Agora é hora de seguir as instruções do mais difícil dos quatro pilares. É aqui que a maioria cai do cavalo, e o motivo é

> *A maioria não vê a hora de se aposentar, só para descobrir que a aposentadoria mata mais do que ajuda.*

o medo. É o medo sempre presente de que o seu negócio vá desmoronar se você parar de fazer. Mais do que isso, você realmente adora fazer o fazer. Você ama o poder e a adoração que obtém na posição de chefe e administrador da sua empresa. Você adora as compensações, os clientes, o título; adora ter um lugar para ir todas as manhãs chamado escritório. Mas agora chegou a hora de abrir mão de tudo isso e parar de fazer o fazer, o que é bem difícil.

A Força das Palavras

É possível pensar que seria reconfortante que alguém lhe dissesse para parar de trabalhar. Afinal, grande parte das pessoas não vê a hora de chegar o momento em que poderá parar. A maioria não vê a hora de se aposentar, só para descobrir que a aposentadoria mata mais do que ajuda; as estatísticas mostram que uma grande porcentagem de homens morre apenas alguns anos após aposentar. Talvez seja por causa da velhice e do cansaço, mas creio que viver tenha muito a ver com ter uma razão para existir. Quando você desiste do seu negócio, rapidamente descobre que abriu mão de sua razão de existir. Trabalhamos tanto para dar valor às nossas vidas por causa *do que fazemos*, e não por causa *do que somos*; assim, acabamos nos tornando nossos próprios negócios e trabalhos. Parece tolice, mas é o que acontece com a maioria dos homens e mulheres, que se tornam aquilo que fazem. Se você pede que alguém lhe fale sobre si, a pessoa em geral começa falando sobre o que faz para viver, ou sobre

PILAR QUATRO: PARE DE FAZER O FAZER

o que costumava fazer. "Sou publicitário." "Sou vaqueiro." "Sou comerciante aposentado." "Sou mãe e esposa." "Sou vendedor." "Sou corretor da bolsa de valores." A lista é enorme. Damos valor às nossas vidas com base no que fazemos. Então, quando peço que você pare de fazer o fazer e abra mão de títulos como diretor executivo, presidente, rei e ditador benevolente para tornar-se apenas Bill, Nancy, Larry ou Tom... é como abrir mão de todo o seu universo de valores. Você é um nada... e ser um nada é bom. Mas "ser um nada" não é fácil. Só será possível ser verdadeiramente rico quando você parar de fazer o fazer e **deixar que o fazer aconteça**.

Deixando que os Outros "Façam o Fazer"

A maioria faz a transição do "alguém" para o "ninguém" ao continuar com a ideia do fazer, e não há problema com isso. É possível vender os seus serviços e produtos até morrer, se assim quiser, mas lembre-se de que, em algum ponto, você deve ter funcionários que realizem o trabalho das vendas, para que você não tenha de fazê-lo. Sim, estou dizendo que deverá haver um dia em que a única coisa que você vai fazer é contar todo o seu dinheiro. Mas lembre-se: não tome para si a glória e a adoração por ser dono de uma empresa, ou empresas, altamente lucrativa. Você é só você, e toda a glória vai para quem trabalha para você. Deixe que outros sejam o diretor executivo, o presidente ou mesmo o presidente do conselho de diretores. Você fica sendo o dono da companhia e apenas conta seu dinheiro. Será preciso sair do escritório e trabalhar em casa. Se você está no escritório, sempre que houver um problema as pessoas irão atrás de você para resolvê-lo. Mas, se não estiver, as pessoas terão que se tornar responsáveis e responsabilizáveis. É a única forma de ser verdadeiramente livre e rico. Se você contratou, aconselhou, treinou e ensinou as pessoas-chave, proporcionando-lhes consultoria e propiciando-lhes crescimento, elas farão o fazer melhor que você. Então por que precisam de você? Elas não precisam! Elas precisam é que você fique fora do caminho delas para que possam ganhar dinheiro para você. Você as ensinou como. Mas, novamente, não será fácil, pois a maioria dos empreendedores adora a microgestão. Eles adoram botar as mãos em tudo, querem interferir até na hora de comprar toalhas e papel-higiênico. Empreendedores adoram estar no controle e adoram ser adorados. Então, acredite quando eu digo que este pilar final é o mais difícil para qualquer empresário. Ser nada e fazer nada é trabalho duro. Tenho uma placa na minha mesa que diz: "Quero que minhas empresas e seus funcionários consigam fazer hoje o máximo que for possível *sem que eu tenha de fazer nada*! É a única forma que minhas empresas e meus funcionários têm para crescer".

Quero Ver o Dinheiro!

Sim, há outra forma pela qual nós, empreendedores, lidamos com a questão do "nada". Normalmente montamos negócios e começamos o processo dos quatro pilares novamente, desde o começo; a segunda vez, entretanto, é bem mais fácil. Sabemos quais os erros que não devemos cometer. Sabemos que tipo de pessoas devemos contratar e ensinar. Conhecemos e compreendemos a importância dos quatro pilares... e adoramos o jogo do ganhar dinheiro. Somos viciados nele! Mas, em vez de ficar sob a luz dos holofotes, preferimos ficar nos bastidores, permitindo que outros se banhem em glória e nos aplausos do reconhecimento. Nosso único mantra é "quero ver o dinheiro". Pense nisso.

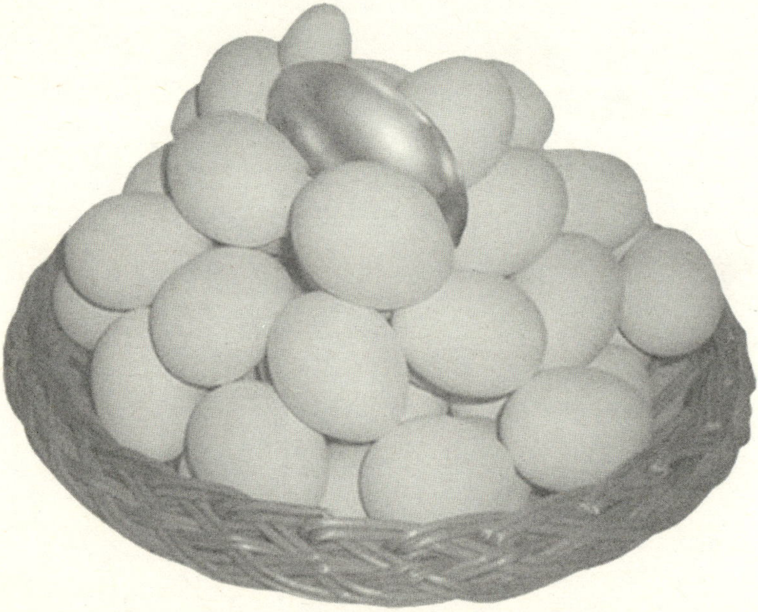

CAPÍTULO 6

Os Vários Aspectos das Vendas

As vendas são vitais para a sua companhia e, mesmo assim, recebem pouca atenção na maioria das empresas. Isso está relacionado à escolha entre fazer o que é mais importante e o que é mais urgente. Tendemos a fazer o que é mais urgente, e o que é mais importante deixamos de lado, para quando tivermos tempo. Com frequência esse tempo nunca aparece. Estamos sempre tão ocupados resolvendo crises que fazer o que é mais importante,

> *Tendemos a fazer o que é mais urgente, e o que é mais importante deixamos de lado, para quando tivermos tempo. Com frequência esse tempo nunca aparece.*

como vender, acaba sendo jogado de lado até que todo o resto seja feito. Mas todo o resto nunca é feito!

Faça Aqueles Telefonemas!

Então, a primeira coisa que você precisa fazer é **tornar as vendas algo urgente**. Para fazer isso, marque o compromisso de realizar as vendas. A melhor hora é às 10 da manhã. Você já dispôs de algumas horas para começar o dia, mas ainda tem energia de sobra para fazer os telefonemas. Isso também vale para os seus possíveis clientes: eles precisam de algumas horas para se organizar antes de falar com você. Portanto, marque um horário para si mesmo e nunca cancele. Esse horário será reservado para você por muitos anos. Se é às 10 horas da manhã de segunda a sexta, você estará ao telefone fazendo ligações, e continuará até ter feito 20 ligações. É só isso: apenas 20 ligações. Você não falará com 20 pessoas; só fará 20 ligações. Provavelmente só falará com duas pessoas, mas mesmo assim fará 20 ligações.

Chamo isso de "método de vendas do quadradinho", conhece? É aquele quadrado que fazemos com quatro linhas e uma na diagonal que cruza, totalizando cinco linhas. Você fará quatro desses quadrados de cinco linhas todos os dias, totalizando 20 linhas, ou 20 ligações. Se fizer isso todos os dias, de segunda a sexta, fechará tantos negócios que não saberá o que fazer com eles, e terá de continuar contratando pessoas para ajudá-lo a fazer o fazer. Lembre-se de que, depois de um tempo, isso é tudo o que você vai fazer... e no fim acabará contratando uma pessoa até para isso. Esse método nunca falhou. Simplesmente teste-o.

Fale com o Responsável pelas Decisões

Quando telefona a um executivo, a primeira pessoa que atende é normalmente alguém com quem você não quer falar – recepcionistas ou secretárias cujo trabalho é agir como cão-de-guarda para o chefe, mantendo longe dele os telefonemas que não quer receber. É por isso que você provavelmente vai falar com apenas duas pessoas de um total de 20. Essas duas são as verdadeiramente competentes no que fazem. Elas o consideram um inimigo. Chefes odeiam telefonemas de vendas, que são exatamente o que você vai fazer. Então é o trabalho da secretária falar: "Mande-nos quaisquer informações que você tiver e retornaremos a ligação". É exatamente o que você não deve fazer. Mandar informações é o caminho mais longo para o sucesso. É o mesmo que correr para lá e para cá no campo de futebol sem fazer nenhum gol; parece que você está fazendo algo que vale a pena, mas na verdade o trabalho nunca é feito. É preciso falar com quem toma as decisões, e só com esses, e então **dar** antes de **tomar**. Quando estiver falando com o tomador de decisões, pergunte se pode enviar-lhe alguma coisa. (Sim, pode enviar algo, desde que tenha falado com ele primeiro.) Só isso. Simplesmente peça a permissão dessa pessoa para mandar algo. Trabalhamos com o princípio de que, quando falam com você pela primeira vez, eles o odeiam; na segunda vez, toleram-no; na terceira vez, começam a gostar de você. Sendo esse o caso, da primeira vez em que falar com a pessoa, dê-lhe alguma coisa e torne mais provável que ela diga "sim" ao invés de "não". Então, simplesmente avise que ligará em alguns dias para perguntar o que ela acha dos materiais que você enviou. Assim, em dois ou três dias você liga e pergunta se a pessoa recebeu as informações – não pergunte o que ela achou, ou se quer falar com você sobre algo. Simplesmente pergunte se a pessoa recebeu as informações. Se a resposta for negativa, ela o avisará, e você poderá mandar o material novamente. Se já recebeu, também o avisará. Não pergunte se o tomador de decisões leu o que você enviou; simplesmente diga: "Só queria ter certeza de que você recebeu. Vou ligar novamente em alguns dias, quando você já tiver tido tempo de examinar o que enviei... Pode ser na quarta-feira?" Nesse ponto ele poderá dizer uma dessas três coisas: que sim, pode ser quarta; que é melhor ligar em outro dia; que ele prefere retornar depois a ligação. O que quer que seja dito, simplesmente responda: "Isso seria ótimo!". Não é hora de dizer: "Não, eu ligarei para você!", mesmo que você saiba que há poucas probabilidades de ele retornar a ligação. Fale apenas "ótimo!" e espere alguns dias antes de ligar novamente para a pessoa. Nunca passe a bola, ou é possível que você tenha que esperar um tempão antes que ela volte para você.

Encontrando-se com o Cliente

Agora você já conversou duas vezes com seu cliente em potencial: uma para pedir permissão para mandar algum material sobre o seu produto ou serviço e outra para perguntar se ele recebeu a informação. Lembre-se: se a informação foi recebida e examinada, o cliente vai dizê-lo a você, de forma que, se quiser conversar com você sobre o que achou, vá em frente. Entretanto, se não quiser conversar quando você ligar pela segunda vez... não se preocupe. Você ainda tem outros telefonemas e visitas a fazer. Assim, alguns dias após a segunda ligação, telefone novamente e dessa vez diga: "Então, você conseguiu ler os materiais que enviei?" Nesse ponto o cliente vai dizer "sim" ou "não". Se disser que sim, você pergunta: "E, então, o que achou?", e ele vai responder, vocês conversarão, você responderá perguntas, etc. Mas não é recomendável **vender** pelo telefone – na maior parte das vezes, acaba não sendo uma boa venda. O ideal é **encontrar** os possíveis clientes cara a cara. Assim, independentemente de o cliente ter lido o material ou não, fale: "Não tem problema, mas... eu gostaria de vê-lo pessoalmente; posso ir até sua empresa na quarta-feira, às 10 horas da manhã?". Nesse ponto o cliente vai hesitar um pouco, mas lembre-se de que você já falou com ele algumas vezes anteriormente e de que já enviou material; ele está começando a sentir que tem uma obrigação de atendê-lo, então há 50% de chances de que ele diga "sim". É nessas conversas cara a cara que se fazem as vendas. Quando você encontra o possível cliente, do que falará? Sobre o clima, sobre esportes, política, religião? Não! Falará sobre o **seu negócio**. Apenas fale. Não venda. Apenas fale! Explique a ele por que você é duas vezes melhor pela metade do preço; e, se de fato é duas vezes melhor pela metade do preço, acredite-me: vai conseguir vender a pelo menos 50% das pessoas com quem se encontrar cara a cara. Se você puder fornecer aos clientes o que eles precisam, e eles estão acostumados a pagar o dobro, você não terá que vender. Apenas converse com eles e conte sua história e você fechará negócio. *Eles* é que irão pedir para assinar o contrato.

Mas veja: é aqui que o lembramos novamente dos números. Dos 20 telefonemas que você fará todos os dias, apenas duas pessoas irão querer falar com você. Dos que falarão com você, apenas um será um possível cliente. De cada cinco possíveis clientes, apenas um será de fato um bom prospecto. De cada dois bons prospectos, apenas um deles se tornará cliente ou comprador de fato. São os números. Agora, caso você seja um supervendedor, pode ser que suas estatísticas sejam melhores; mas, mesmo que seja o pior vendedor do mundo, as estatísticas não o desanimarão. Você fechará negócio se fizer os números! Apenas as 20 ligações diárias darão a você todas as vendas que quiser. Não se preocupe com os outros números.

O Como e o Porquê

Agora que você conhece o **como** e o **porquê** das vendas, além de saber a importância destas, no próximo capítulo vou falar de um sistema utilizado por todo mundo, não apenas pelos empreendedores. Quero que você aprenda como as coisas são de fato criadas, especialmente empreendimentos de sucesso. Pouco se fala sobre esse princípio ou sistema, mas todos o utilizam, conscientemente ou não. Saber como usá-lo aumentará bastante a velocidade do seu enriquecimento. Pense nisso.

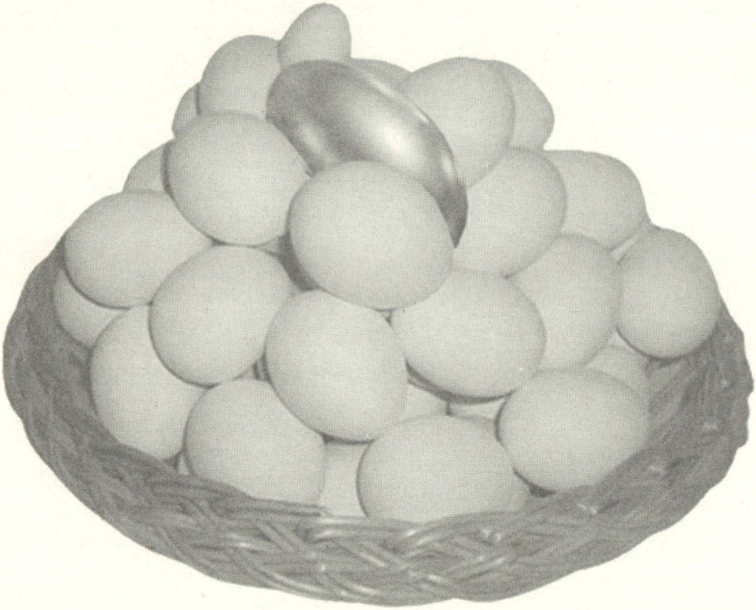

CAPÍTULO 7

Crie e Espere

Quem me conhece pessoalmente sabe que odeio todo tipo de mágica. Adoro observar a vida através de um modo de pensar prático, pragmático e científico. Não compreendo o raciocínio popular por trás de coisas do tipo milagres. Para mim, um milagre é algo que acontece 50% do tempo, o que não representa chances muito boas. Não gosto da ideia de pedir e implorar a Deus que faça um milagre acontecer. Não seria exagero dizer que há uma infinidade de coisas que não compreendo acerca de como tudo funciona neste mundo. Há, certamente, milhares de leis movendo o Universo que ainda estão

> *Se você quer algo... qualquer coisa... tudo o que tem a fazer é criar e esperar, e estar pronto para agir quando vier a oportunidade.*

para ser descobertas. Alguns de nós esbarrarão nessas leis simplesmente vivendo, outros as descobrem por meio da religião, outros pelo raciocínio e pela observação, enquanto outros aprendem essas leis da ordem universal por intermédio da experimentação científica. Pensando de forma pragmática e científica, damos o nome de lei a uma lei quando ela é 100% previsível. Para mim, uma lei que funciona 50% do tempo é insuficiente. Se H_2O fosse água metade do tempo, não conviria chamá-la de uma verdade ou lei previsível com a qual posso contar quando estiver com sede.

Crie e Espere

Tendo dito isso, aqui vou eu escrevendo sobre um tipo de mágica que, para mim, tem um resultado 100% previsível. Para mim, esse princípio funciona e, até onde eu sei, nunca falhou. Ao ler a explicação, pela primeira vez, dessa lei universal, você pode pensar que endoidei. O fato é que nunca tive tanta sanidade! Chamo essa lei de **crie e espere**. É como aquela frase de Napoleon Hill: "Se minha mente consegue imaginar, então eu consigo realizar". Sei que o que estou prestes a revelar vai parecer simples demais, fácil demais. Sei que, para a maioria das pessoas, vai parecer demais com mágica, mas não é! É algo 100% previsível, o que o torna uma lei básica e fundamental da vida. Se você quer algo... qualquer coisa... tudo o que tem a fazer é criar e esperar, e estar pronto para agir quando vier a oportunidade. Tão certo como o dia vem depois da noite, a oportunidade aparecerá. Mas você tem de estar pronto para agarrar a oportunidade assim que ela surgir, porque ela não dura muito tempo; além do mais, uma vez que você a perca, será quase impossível deparar-se com ela novamente.

O princípio básico é simplesmente este: as coisas precisam ser criadas mental ou espiritualmente antes de serem manifestas fisicamente. A mente deve criar o objeto do nosso desejo antes que esse objeto possa ser manifesto fisicamente. Mas, tendo dito isso, a criação não é desejar que algo aconteça, ou esperar que algo aconteça, ou mesmo querer que algo aconteça. Criar é trabalho duro. É preciso treinar a mente para que ela crie e então manter firmemente o pensamento na sua criação, sabendo todo o tempo que a manifestação física dela vai acontecer enquanto você faz nada. Novamente, tudo o que você deve fazer é **criar** uma oportunidade e **esperar** que ela apareça. Não sei ao certo como funciona esse princípio ou por que sempre funciona, mas ele funciona. Uma certeza é que a mente nunca dorme. Você pode até dormir, mas sua mente continua trabalhando. Deixe-me dar um exemplo de uma das primeiras vezes em que eu soube que estava usando essa lei de criar e esperar.

Criar Começa pela Cabeça

Utilizei o princípio durante toda a minha vida, como a maior parte das pessoas, mas sem saber. Há uns 15 anos comprei uma casa nova para a minha família; era uma das poucas casas construídas na comunidade naquela época. Ficava em um terreno de pastagem e não havia gramas ou jardins, apenas terra e capim por todos os lados. Quase todos os dias eu ficava na varanda de trás da casa, parado, apenas olhando o terreno por mais ou menos uma hora. Depois de me ver fazendo isso dias a fio, minha esposa perguntou-me o que é que eu estava fazendo, e respondi: "Estou criando minhas cercas". Ela disse: "Você quer dizer que está planejando onde vai colocar as cercas?", ao que repliquei: "Na verdade é mais como se eu estivesse criando as cercas. Estou aqui parado vendo as cercas para os meus cavalos, a arena de treino, os portões, as áreas cobertas; estou vendo nossos filhos cavalgando e se divertindo; vendo os cavalos bebendo água; e estou criando os obstáculos para o treino, a área de serviço, os estábulos com palha e a selaria. Estou de fato vendo as cercas. Para mim, todas essas coisas são tão reais quanto a realidade".

A Oportunidade

Agora, para uma pessoa normal, esse ato de criar pareceria realmente idiota. Para mim, entretanto, passar tempo criando através do pensamento ativo sobre a criação, implantando-o com firmeza em minha mente, era (e ainda é) uma das coisas mais normais do mundo. O engraçado de criar é que, quanto mais você cria, mais fácil é obter a manifestação física de suas criações... e de forma mais rápida! Hoje, em grande parte das vezes, consigo manifestar fisicamente minhas criações dentro de dias, senão horas.

Mas estou me desviando do assunto, voltemos à criação das minhas cercas. Na época eu não tinha dinheiro para comprar as cercas e uma selaria. Tinha apenas a criação das cercas firmemente implantada em minha mente. Mas eu tinha um trailer-barraca que coloquei à venda nos classificados do jornal. Dentro de uma semana criando minhas cercas e mantendo sua imagem firme, recebi o telefonema de uma pessoa interessada em obter o trailer-barraca. O homem que ligara disse não ter dinheiro, mas perguntou se eu estaria interessado em trocar meu trailer por seus serviços. Eu perguntei o que ele fazia, e... isso mesmo, você adivinhou: ele fazia e instalava cercas de quatro barras para cavalos. Ele tinha todos os materiais e a mão de obra para realizar o serviço. **Ali estava a oportunidade!** Eu disse que adoraria trocar o meu trailer por essa cerca para cavalos, e fechamos negócio. Umas poucas semanas depois, ligou uma empresa querendo meus serviços de publicidade em troca da construção de um barracão para selas de cavalo. Pode chamar isso de coincidência, se quiser, mas para mim foi a manifestação física da minha criação mental, e tenho centenas de histórias como essa, do tipo "crie e espere", para contar.

Botando Fé

Então, assim como na religião, peço que você bote fé e comece a **criar e esperar**. Você pode ter qualquer coisa que desejar neste mundo. Qualquer coisa! Não digo que dê para ressuscitar os mortos, mas é possível conseguir uma promoção no trabalho ou uma fazenda de 100 acres.... se você quiser. Você decide. É como o antigo aviso: "Cuidado com o que deseja, porque você pode consegui-lo". Também menciono isso pois, conscientemente ou não, você também pode criar coisas bastante desafortunadas. Conheci uma mulher que caminhava todos os dias pela pista de corrida reclamando de como se sentia infeliz e odiava seu marido. Não havia opções para essa mulher; depois de meses de pensamento infeliz, divorciou-se do marido e continua infeliz. Portanto, cuidado com o que você cria para si mesmo. Quanto mais você cria, acreditando que de fato terá aquilo que criou, mais rápido manifestará fisicamente aquilo que sua mente cria, e também com mais frequência.

Nem acredito que estou pedindo a você que acredite nisso. Você sabe como odeio mágica! Sinto-me exatamente assim com relação a xamãs, médiuns, adivinhos, vodu, curandeiros, padres e clarividentes. Mas, tendo dito isso, esse princípio do criar e esperar funciona 100% das vezes. Não o vejo funcionar 50%, 60% ou 70% das vezes, mas sim 100%, com uma exatidão de 100%. Tente e espere que a oportunidade apareça, porque ela deve aparecer. O Universo não tem escolha a não ser fornecê-la para você. A parte mais difícil é conseguir reconhecer a oportunidade e estar pronto para agarrá-la quando ela aparecer. Lembre-se de que não pode hesitar, ou a chance desaparecerá! Se você permitir que a oportunidade passe por você várias vezes sem aproveitá-la, ela vai parar de surgir. Dizem as pessoas: "Aquele que hesita está perdido". Eu digo: "Aquele que hesita não só está perdido como perde seu poder de criar". Use ou perca!

Trabalhe enquanto Dorme!

Mais uma coisa: lembra-se do que eu disse a respeito de a mente nunca dormir? Use esse fato não apenas para criar, pensando e focando em sua criação, pouco antes de adormecer, mas também como forma de resolver problemas difíceis. Vá em frente. Quando você tem um dilema que está achando difícil de resolver, diga a si mesmo, conforme começa a adormecer, à noite: "Enquanto durmo, minha mente vai trabalhar nesse problema, e, quando eu acordar, vou ter a resposta!" É como ser operado: você entra na sala de cirurgia, eles botam você para dormir, e, quando acorda, passou por uma grande cirurgia – e tudo o que você fez foi dormir. Sua mente tem o equivalente a milhares de médicos trabalhando em tempo integral para resolver seus problemas enquanto você dorme. Se deixar que sua mente trabalhe neles, terá a solução para seus problemas quando acordar. Afinal, oito horas é um tempo bastante longo para se pensar em algo sem bolar uma solução. Isso funciona com criar, inventar, resolver problemas, solucionar questões de negócios, resolver problemas familiares, sentimentais, de dinheiro e todas as preocupações comuns da vida cotidiana. Tudo o que você tem de fazer é "deixar o problema descansar".

Crie, espere e traga a criação para dormir! É só isso! Esse talento de utilizar a mente é exatamente como tocar piano. No começo é difícil e parece impossível, mas, quando você se empenha na prática por bastante tempo, torna-se algo fácil e divertido. Não estou pedindo que você acredite em mim... Simplesmente seja um cientista pragmático que pensa e experimenta em cima desse princípio, ou lei do Universo. Por acaso vai machucar se você tentar? Pode ser que eu esteja certo (e asseguro que estou). Se eu não estiver certo... você terá se divertido imaginariamente e vai dormir superbem. Que mal há, então? Pense nisso.

CAPÍTULO 8

Desejar *versus* Fazer

Agora que falamos um pouco sobre a mágica do negócio, que se trata de tudo menos mágica, é hora de sermos realistas. Isso não significa que você deva parar de usar o princípio do criar e esperar: deve continuar a fazê-lo. É um princípio utilizado por todos os homens e mulheres de sucesso, quer de forma consciente ou não. Você nunca para o processo. Quando eu digo "ser realista", quero dizer que você precisa entender a diferença entre os "desejadores" e os "fazedores". Criar *não* é desejar! Mas "fazer" nem sempre significa fazer algo fisicamente.

> *É preciso ter uma fantasia, ou um sonho – algo que pode ser que você nunca obtenha, mas que gostaria de ter e que o deixa feliz só de pensar em ter.*

Pensar e criar também são um "fazer". Vamos agora falar de uma filosofia a que eu chamo de Ilha da Fantasia *versus* Ilha da Realidade.

O Sexto Requisito

Onde é mais divertido viver: na Ilha da Fantasia ou na Ilha da Realidade? Buda disse (e eu o parafraseio para meus próprios propósitos egoístas): "O problema com a realidade é que viver é sofrimento". O Buda Sorridente diz que, para termos uma vida considerada boa, você deve ser um mestre de si mesmo, deve ter uma atitude alegre, realizar suas ações com base em propósitos, ter profundo comprometimento com o bem-estar alheio e percepção iluminada. Quantos desses cinco requisitos você tem? Interessante... Acho que, em adição aos cinco itens do Buda Sorridente, poderia haver um sexto requisito. Acho que é preciso ter uma fantasia, ou um sonho – algo que pode ser que você nunca obtenha, mas que gostaria de ter e que o deixa feliz só de pensar em ter.

Fantasiar...

O *Dicionário Webster* define "fantasia" como "o poder ou processo de criar imagens mentais especialmente improváveis ou fora da realidade, como resposta a necessidades psicológicas". Acho isso interessante. Já ouvi filósofos dizendo que, sem uma fantasia, o homem não pode ser feliz e é uma criatura miserável. Para poder pensar sobre essa questão da fantasia da forma como começo a propor a partir de agora, temos que olhar para todos os sinônimos de forma a compreender a abrangência total dessa ideia, sem misturar as bolas. Uma fantasia (pelo menos para o que estamos discutindo aqui) é sinônimo de sonho, aspiração, desejo, antecipação, ambição e objetivo, só para dar alguns nomes. São todas palavras representando o que queremos que aconteça (ou o que pensamos querer que aconteça), mas que ainda não aconteceu. Entretanto, a fantasia, seja qual for o nome que lhe damos, ainda é uma fantasia. É algo que queremos, ou que pensamos precisar, ou que temos esperanças de ver acontecer, ou que lutamos para que aconteça, ou que desejamos que aconteça; algo pelo qual ambicionamos, para o qual estabelecemos metas que nos permitam obtê-lo algum dia.

... Ou não Fantasiar

No entanto, ao contrário de muitos filósofos que afirmaram que a felicidade de um ser humano depende de ele ter uma fantasia, acredito que nossa infelicidade venha de nossas fantasias. Ter metas e ambições e "desejar, esperar, rezar e sonhar" são a própria causa de nossa infelicidade. Todo esse querer e fantasiar e sonhar em ter coisas que não temos, ou querer que aconteçam certas coisas que demoram a acontecer, é a razão pela qual não podemos ser felizes no presente ou na realidade. A realidade é uma droga, se comparada com uma vida de sonhos e fantasias. Eu afirmo que a fantasia (e todas as palavras que usamos para descrevê-la) é a razão específica que nos torna infelizes com nossas vidas, nossos trabalhos, com a pessoa com quem nos casamos, com nossos amigos, nossos filhos, nossas casas... e com todas as nossas realidades. Adoramos o estado ébrio da Ilha da Fantasia. A fantasia é a droga da vida. É tão viciante que no fim acaba dominando nossas vidas, criando a necessidade de mais e mais fantasias para manter o barato. É verdadeiramente impossível sermos felizes sem uma nova, e muitas vezes maior, fantasia. Homens desejam mulheres que nunca tiveram, ou fantasiam tanto sobre estas que abandonam suas esposas para correr atrás de outras; quando a fantasia vira realidade, começam novamente outra fantasia, porque a realidade nunca é tão boa quanto a fantasia. E as mulheres comportam-se da mesma forma.

Entretanto, não é apenas em nossas vidas amorosas que a droga da fantasia apresenta sua natureza viciante. Utilizamos a fantasia todos os dias para escapar das realidades da vida. Nós nos apoiamos nessa droga todas as vezes em que dizemos: "Eu serei feliz quando..." Todos fazemos isso. Começamos ainda criancinhas e nunca superamos a necessidade de fantasias que virem realidade rapidamente. Pode ter a ver com ganhar a primeira bicicleta, passar no vestibular, obter o diploma, conseguir um bom emprego, comprar uma casa, comprar o carro que você quer, casar-se, ter filhos, divorciar-se – o processo nunca para. O curioso é que, assim como cheirar cocaína, nós realmente ficamos felizes quando nossa fantasia se torna realidade, ou ao menos é o que a mente pensa. A felicidade dura por alguns dias, ou semanas, mas depois de um tempo a droga aos poucos perde o efeito. No fim, para de funcionar, mas continuamos querendo mais e agora precisamos de uma nova fantasia para sermos felizes novamente.

Nem Passado, nem Futuro...

Eu costumava gostar de ir ao *shopping center* para desejar coisas que um dia esperava ter. Hoje tenho todas essas coisas e já não me divirto mais indo ao *shopping*. Acabaram-se as coisas de fantasia que eu sonhava ter. A realidade é que eu tenho todas as coisas que eu costumava pensar que me fariam feliz; todas me deram felicidade por um tempo, mas a maioria delas está hoje em caixas em um quarto dos fundos para dar espaço para que eu possa comprar mais itens de fantasia para ficar feliz. O culto à droga da fantasia não para por aí. Para escapar das dores da realidade, é preciso fazer uma destas duas coisas: fantasiar o futuro ou tentar reviver uma fantasia do passado. Ao observar as pessoas, percebo que, conforme envelhecem, adoram contar histórias sobre seu passado. Veja bem: já faz tempo que o passado se transformou de realidade do presente em fantasia do passado. Nós contamos histórias do passado como se fossem reais, mas elas são também apenas um sonho; um sonho ou fantasia sendo ressuscitado para tornar o presente mais interessante. Você conhece essas pessoas. Elas continuam contando a você histórias sobre o que fizeram no colégio e na faculdade. Essas histórias não são mais reais do que a fantasia futura de criancinhas que dizem querer se tornar bombeiros ou policiais quando crescerem. Não é diferente de brincar com um amigo imaginário chamado Roger. Uma fantasia não pode ser uma fantasia no aqui e agora. Fantasias não podem existir no presente, ou elas se chamariam realidade. Mas elas são fantasia... a droga da felicidade. No entanto, a felicidade criada pelas fantasias tem pouca duração, ou pior, se elas nunca forem realizadas, geram tristeza e descontentamento. Agora, ao menos eu posso ver a fantasia pelo que ela realmente é, uma droga depreciativa na qual eu e tantos outros somos viciados. Eu decidi deixar a fantasia e seus desapontamentos e me permiti amar a vida no presente.

...Agora!

Então, como é possível viver uma vida alegre e prazerosa na realidade presente? Bem, se as fantasias irão, no fim, torná-lo infeliz, será que a falta de fantasias não traria felicidade? Não faz sentido? E se você apenas vivesse o presente, sem expectativas? E se apenas se levantasse pela manhã e vivesse? Se fizesse somente o que precisa fazer, quando precisa; se fizesse o que quer, quando quer, vivendo a realidade do momento, sem outra expectativa que não a de viver? Isso não o tornaria feliz? E se você vivesse a vida sem desejo ou apego, sem fantasiar sobre o que poderia ser, sem desejar nada que possa ou não acontecer? E e se vivesse com apenas uma coisa na mente:

viver para o momento? Isso não o faria mais feliz? Mas talvez isso seja como dizer a um viciado em cocaína que ele seria muito mais feliz sem a cocaína. Ele pensaria que você é louco.

Já venho testando esse experimento há muitos anos, e pareço estar bem mais feliz. É claro que coisas ruins aconteceram, mas elas acontecem. Muitas coisas boas também aconteceram, mas elas também acontecem. Nunca fui tão produtivo – sou produtivo mesmo sem tentar, pois tentar seria criar uma fantasia, e viver uma vida produtiva requer viver aqui e agora... e nada mais. O mundo está de ponta cabeça, não é? Devemos deixar que a vida siga seu curso e devemos ser como água fluindo rio abaixo em direção ao mar. Não seria uma tolice se a água tentasse controlar sua direção e fluir rio acima? Pelo menos agora, no entanto, sou capaz de ver a fantasia pelo que ela realmente é e removê-la de minha vida.

Eu permito que a vida aconteça. Tentar controlar a vida é quase tão tolo quanto ser um fazendeiro impaciente, que planta milho e então sai várias vezes por dia e grita: "Pelos diabos, cresça, cresça!". O milho irá crescer à sua própria velocidade. É claro que será preciso irrigar a plantação e cuidar dela, mas o milho sabe como crescer. É a mesma coisa com a vida. Permita que a vida cresça à sua própria velocidade. É um jeito muito mais feliz de viver. Posso estar errado, mas, sinceramente, vai doer se você tentar dar uma chance ao que eu digo? Ei, se não funcionar, volte a viver na Ilha da Fantasia. A Ilha da Realidade não é para os fracos de caráter. Quase todo mundo quer o que os traficantes vendem na Ilha da Fantasia, mas, se puder... diga não.

Desejar e Fazer

Há uma enorme diferença entre os "desejosos" e os "fazedores" do mundo. Mesmo que permitamos que a vida se desenrole, nunca devemos parar de lutar para que as coisas se desenrolem. Não é desejando e dizendo "Serei feliz quando..." que estaremos no controle de nossas vidas. Nós estamos no controle quando criamos e esperamos, quando fazemos o fazer, quando permitimos que a oportunidade apareça para nós, sabendo que, se não realizamos as ações, nada acontecerá. Depois que tudo tiver sido dito e feito, a definição de loucura é sempre fazer a mesma coisa e esperar um resultado diferente a cada vez. Temos de mudar para sermos empreendedores de sucesso. Temos de viver com nossos pés fincados na Ilha da Realidade.

No caminho para o sucesso, não ficamos desejando; conhecemos o sistema, os princípios, o método e como fazer para ficar rico, permanecer rico e ser feliz no processo. Só então a vida será cheia de alegria e felicidade, enquanto nossos sonhos mais incríveis se tornam realidade. Pense nisso.

CAPÍTULO 9

Sucessos e Fracassos na Aplicação do Pilar Um

Já falei muito dos detalhes técnicos sobre como ficar rico e permanecer rico. Vejamos agora algumas aplicações dos quatro pilares na vida real, começando com as aplicações bem-sucedidas e as fracassadas do Pilar Um.

> *O excesso de negócios pode, de fato, produzir a diminuição deles, caso não se lide com o aumento da demanda de forma efetiva.*

Para ilustrar as diferenças, em todos os casos comento sobre negócios e empreendedores da vida real, com os quais já convivi e trabalhei. Apenas os nomes foram mudados para preservar os não tão inocentes.

Recusar Negócios?

Quando abri minha agência de propaganda em Mesa, Arizona, fui contatado por um quiroprata jovem e agressivo que queria obter mais clientes por meio da publicidade, e começamos a trabalhar juntos. Após um curto espaço de tempo, seus negócios começaram a ir de vento em popa. Ele já não sabia o que fazer com tanto trabalho. Então o que fez? Em vez de contratar mais pessoas quando estava ocupado 60% a 70% do tempo, chegou ao ponto em que trabalhava 110% do tempo, e acabou fazendo a única coisa lógica. Parou de fazer propaganda. Tinha tantos clientes que, para conseguir atender a todos, precisava de menos clientes. Veja: com menos clientes, ele poderia manter todas as consultas e ainda ter tempo de jogar golfe às quintas-feiras pela manhã.

É fato que uma empresa não pode permanecer a mesma. Os negócios tendem a crescer ou decrescer, e as firmas que mais abrem falência são as que têm excesso de trabalho, e não falta dele. O motivo é que muitos negócios, se não tratados da forma correta, acabam, na verdade, afastando clientes e consumidores. Por exemplo: fui outro dia em uma loja de eletrônicos, e eles tinham tantos clientes e tão poucos caixas e funcionários atendendo que, mesmo querendo e precisando comprar algo ali, coloquei o item de volta na prateleira e saí. Eles tinham um excesso de negócios com que lidar. Com o tempo, o excesso traz cada vez menos consumidores e clientes dispostos a aguentar tal inconveniência. Nossa geração quer tudo *agora*... então o tempo é essencial.

Tempo para Compartilhar

Há uns dois anos fui em um restaurante que tinha a comida mais deliciosa que eu já havia provado. Os amigos com quem eu estava se empolgaram bastante com o sabor e a aparência dos pratos, mas nenhum de nós jamais voltaria ali; mesmo tendo feito reservas para às 19h30, não conseguimos entrar antes das 20h30. Além disso, levou 50 minutos para sermos atendidos. Nessa altura estávamos tão irritados que mesmo a qualidade da comida não compensou os atrasos. O excesso de negócios pode, de fato, produzir a diminuição deles, caso não se lide com o aumento da demanda de forma efetiva. Esse restaurante, em particular, era uma bomba-relógio. Durante os dois anos em que esteve aberto, apesar da comida de qualidade, houve cada vez menos pessoas dispostas a aguentar as longas filas de espera, resultando na diminuição da clientela. Eles já não servem mais cem pessoas por noite; já não servem mais ninguém. Abriram falência porque tinham excesso de negócios e se recusaram a pensar em formas de lidar com a situação. É por isso que eu digo: quando você tem trabalho 60% a 70% do tempo, é hora de compartilhar o conhecimento.

Quando Contratar?

Aqui vai mais um conselho. É fácil estar em um ramo por um ou dois anos, porém é difícil permanecer nele por mais de cinco. Há um ciclo pelo qual passam todos os empreendimentos: você começa um novo negócio, então se estabelece e por fim termina com um negócio antigo. Essa é a hora de recriá-lo, torná-lo novo mais uma vez, ou você estará fora do ramo. Começar um negócio é a parte mais fácil do ciclo. É quando você se estabelece que a vida fica confusa; você ganha dinheiro suficiente para viver bem, mas não o suficiente para enriquecer. Você trabalha até se matar, mas chegou no ponto máximo. É nesse ponto que você decide se quer arriscar e expandir o negócio, contratando pessoas e comprando equipamento, ou se quer tentar se agarrar ao que já tem, na esperança de que os negócios não diminuam. Lembre-se de que o seu empreendimento não ficará sempre do mesmo jeito; ou começa a crescer, ou começa a morrer. É nesse ponto do tudo-ou-nada de um negócio estabelecido que você pode acabar ficando sem nada. Se aumentar seus custos contratando mais pessoas, com a expectativa de obter mais negócios, pode começar a perder dinheiro rapidamente! É como andar no fio da navalha. Não dá para expandir o empreendimento sem contratar mais pessoas e compartilhar o conhecimento. Em grande parte das vezes, não dá para expandir os negócios sem comprar equipamento novo, arrumar um escritório maior, aumentar o estoque, emprestar mais dinheiro, diminuir a margem de lucro por um tempo e arriscar a matar a galinha dos ovos de ouro. Entretanto, se os negócios não aumentam em quantidade e os custos aumentarem enquanto os rendimentos diminuem, é possível que não demore muito para você abrir falência.

Não "Ótima Qualidade pelo Preço Que Cobram", mas sim "Ótima Qualidade"

No Pilar Um, quando você é tão bom quanto seus concorrentes, pelo mesmo preço que eles, aí tem razão para se preocupar. Mas, quando seu negócio é duas vezes melhor e custa a metade, ao mesmo tempo em que você já descobriu como ganhar dinheiro com esse modelo de empreendimento, o risco não é tão grande. Expandir os negócios fica bem mais simples quando a pergunta "se não você, então quem?" não tiver nenhum outro "quem". Remover os outros "quem" protege você contra os tempos de vacas magras, ou mesmo contra burradas que você pode acabar cometendo quando estiver expandindo a empresa. Continue a trabalhar duro para ser duas vezes melhor pela metade do preço. Um bom exemplo disso veio de um dos meus mentores em negócios, dono de uma rede de pizzarias. Vamos chamá-lo de Tom. Ele tinha 33 pizzarias grandes no sudoeste dos Estados Unidos. Uma vez eu estava em uma reunião de estudo da concorrência com ele quando um de seus gerentes disse: "Pelo preço, nossa pizza é ótima". "O que você disse?", gritou Tom. O gerente repetiu a afirmação. Tom olhou-o bem dentro dos olhos e falou: "Escute, nunca mais quero ouvir você dizer isso novamente. É o caminho para o fracasso da empresa. O preço não torna a pizza mais ou menos saborosa... Fazemos uma ótima pizza, não importa qual seja o preço!" – o que era verdade! Mesmo que no *ranking* das pizzarias a rede anunciasse pizzas grandes a 3,95 dólares, enquanto outros vendiam a mesma por 12,95 dólares ou mais, Tom queria assegurar-se de que a qualidade da pizza não era menor só porque eles cobravam menos. Ele sabia que, para ter um grande negócio, seus clientes tinham de preferir comer a pizza dele à dos concorrentes. Não se contentava em fazer uma pizza que fosse "ótima, pelo preço que cobram", ele queria vender a seus clientes uma ótima pizza. Cobrar 3,95 dólares não tinha nada a ver com a qualidade da pizza. Aprendi uma verdadeira lição de empreendimento naquela reunião. Independentemente do que você cobra pelo seu produto ou por seus serviços, não deve sacrificar a qualidade só porque cobra menos. Se o fizer, será mais difícil conseguir e manter clientes.

Vendas, Vendas, Vendas...

Agora, muitos não têm a coragem, ou a estupidez, de ser empreendedores e começar seu próprio negócio, e é difícil ser duas vezes melhor pela metade do preço se você está trabalhando para alguém. Isso não significa que não seja possível enriquecer, mas é preciso agir de um modo diferente. O jeito mais fácil é começar o seu próprio negócio, pois isso lhe dará 100% de controle sobre seu próprio destino. Descobri que essa sempre é a melhor forma, no meu caso. Porém, se você gosta do que faz e do seu emprego, e tem a sorte de estar trabalhando para um empreendedor, então também tem uma grande oportunidade de ficar rico. Empreendedores adoram dinheiro. Adoram quando seus funcionários querem ganhar mais dinheiro para eles. Ficam exultantes sempre que um funcionário vem à sala deles e diz: "Bolei um novo jeito de ganharmos ainda mais dinheiro aqui". Não há nada que prenda mais a atenção deles. Então olhe para o negócio em que você trabalha e observe como se ganha dinheiro ali. No fundo, o dinheiro vem por causa de dois fatores: vendas e serviços. É preciso fazer novos negócios e manter clientes, consumidores e contas já existentes. Isso, resumido, está ligado a vendas também. Você continuamente vende para as contas que já existem a fim de manter tanto as contas quanto os clientes e consumidores que a empresa já tem.

... E mais Vendas!

Então, de fato, tudo se resume a uma única coisa que você pode oferecer: mais vendas. Elas são vitais para todas as companhias. Se você puder mostrar ao seu chefe como ele pode ganhar mais dinheiro, deixará de lado tudo o que estiver fazendo e será todo ouvidos. Novas ideias que aumentam as vendas são o que faz o mundo dos empreendimentos girar. O problema é que ideias são como abacates: adoro o gosto deles, mas muitas pessoas não. Não é o abacate que é bom ou ruim – um abacate simplesmente é! Mas gosto é uma questão pessoal: ou você gosta ou não gosta, e o mesmo ocorre com as ideias. Muitas ideias que você bola para aumentar as vendas podem ser boas ideias, mas, quando apresentadas ao seu chefe, é possível que ele não aprecie o "gosto" delas. Então não leve para o lado pessoal se o chefe achar que isso não renderá dinheiro. Tudo o que você precisa fazer, de início, é pensar. Precisa estar constantemente pensando em novas ideias, novos sistemas, novos produtos, novas concentrações, fatias de mercado, serviços, etc., que tragam dinheiro para a empresa, e precisa constantemente falar dessas ideias ao chefe. Eu gostaria de dizer a você que, em minha vida de ideias, sempre venceu a regra do 80/20, ou seja, de que apenas 20% das ideias têm algum proveito. Os outros 80% serão deixados no chão da sala de edição. Então, novamente, não se ache tonto por ter tido uma ideia que o seu chefe acha que não funcionará. Continue pensando, simplesmente, e logo você terá a atenção do chefe. Mantenha a conversa aberta e amigável, do tipo "sou parte da sua equipe", e você se surpreenderá com o que vai acontecer. Logo, logo você vai entrar na sala do chefe com uma de suas ideias lucrativas e ele dirá: "Gostei!", e veja só... dinheiro no horizonte! Lembre-se: suas ideias devem centrar-se em torno de como o seu chefe pode ganhar mais dinheiro! Diga-lhe que você quer ser a pessoa que vai botar a ideia em prática e mostre-lhe o plano que fará vocês dois ganharem mais dinheiro. Você deve estar no controle das vendas resultantes da ideia. Vendedores sempre ganham de três a cinco vezes mais do que quem trabalha em serviços. O sangue (vendas) é mais importante que a gordura (serviços) na maioria das empresas. A gordura sempre é a primeira a ser eliminada em tempos de crise, quando a companhia deve cortar excessos. O pessoal de vendas é sempre o último grupo a sofrer demissões. O chefe seria obrigado a decidir vender novamente por conta própria – o que a maioria dos chefes não tem tempo de fazer – para poder demitir os vendedores. Então, coloque-se em uma posição de vendas de algum tipo, o mais rápido possível, torcendo para vender a sua ideia e ganhar mais dinheiro para a empresa. Só porque não quer começar sua própria companhia, não significa que não possa ficar rico e seguir os mesmos quatro pilares da riqueza. Sua ideia para tornar o chefe e a empresa mais ricos terá que seguir a fórmula "duas vezes melhor pela metade do preço" se quiser vender seu produto ou serviço mais rápida e eficientemente, mantendo os clientes e o lucro por mais tempo. Suas ideias de vendas devem sempre se centrar no primeiro pilar, duas vezes melhor pela metade do preço.

O Seu Pedaço do Bolo

Conheço um homem que é diretor de produção em uma agência de publicidade. O trabalho dele é certificar-se de que todos os anúncios veiculados em TV e rádio, bem como os anúncios mais longos, dublagens e filmagens sejam feitos com uma produção de qualidade. Ele comanda um time de 15 produtores, editores e membros da equipe de produção. Também é quem cuida dos anúncios de rádio, e é um dos melhores editores de áudio e anúncios de rádio que eu já vi. O problema é que ele é bom demais. Os diretores da agência não querem que ele faça nada a não ser editar anúncios de rádio e comandar o departamento de produção. A dificuldade com isso é que o trabalho de diretor de produção, assim como o de editor de anúncios de rádio, era financeiramente nulo. Ele era bem pago, mas mesmo assim existe um limite de salário que os donos de uma agência pagarão a um diretor de produção e editor de anúncios radiofônicos. Muitos dos editores de vídeo ganham bem mais do que ele, como é o caso em grande parte das empresas. De forma similar, os gerentes de vendas da maioria das empresas ganham menos do que muitos vendedores. Se você não traz dinheiro para a companhia e apenas gerencia os verdadeiros geradores da renda, pode até ganhar bem, mas não tanto quanto os líderes de vendas. Então não foi incomum que esse diretor se encontrasse na mesma situação que muitos gerentes de vendas. Se você quer ficar rico, deve arrumar um jeito de ganhar uma fatia do bolo. Pode vir com uma ideia que lhe permita obter uma porcentagem do lucro, ou irá, no fim das contas, acabar atingindo o teto do que ganha, sem conseguir obter um aumento. É possível que ganhe bem, mas não conseguirá ficar rico, porque não há muitas empresas que pagam bem a quem realiza funções não geradoras de renda. Lembre-se da regra: duas vezes melhor pela metade do preço. A mesma regra vale para "qualidade igual pelo mesmo preço". Se a qualidade do seu trabalho é a mesma pelo mesmo preço, há um ponto em que, ao decidir pedir um aumento a seu chefe, ele terá uma escolha: pode dar o aumento pedido ou contratar alguém tão bom quanto você pela metade do preço. A escolha será clara para o chefe: contratar um novo você! Então, se você quer ganhar mais dinheiro para si mesmo, ganhe mais dinheiro para a empresa e agarre um pedaço do bolo!

Venda a Ideia

Então, de volta ao diretor de produção. Ele resolveu conversar com o chefe e disse: "Preciso ganhar mais dinheiro e tenho uma ideia para fazer você (o chefe) ganhar mais e permitir que eu ganhe mais, ao mesmo tempo". Nesse ponto, o chefe já era todo ouvidos ao que ele queria propor. Ele então continuou: "Quero obter, para o departamento de produção, bem mais negócios com base nos que temos atualmente. Tenho um plano para vender esse novo fluxo de negócios: fazer anúncios para a TV a cabo local. Eles estão sempre dizendo que poderiam vender mais se seu departamento de produção fosse capaz de acompanhar as vendas. Já conversei com eles e querem que façamos os comerciais; pagarão 1.500 dólares por cada um. Eu consigo dar conta com a equipe que temos atualmente. Estamos apenas 60% do tempo ocupados, o que significa que, sem aumentar o número de funcionários, serei capaz de aumentar os lucros do estúdio para a empresa. Eu mesmo irei administrar as contas desse novo serviço; assim, não precisaremos onerar o departamento de contabilidade com a administração de negócios atrelados apenas à produção. É puro lucro para a empresa, e tudo o que eu quero são 10% da fatia. O que você acha?" Nem é preciso dizer que a cidade ganhou um novo empreendimento chamado "The Studios", sob as asas da empresa controladora. Além do negócio com a companhia de TV a cabo, o diretor de produção atraiu, de outras agências de publicidade, serviços, diretores de marketing e clientes diretos. Mas o melhor de tudo é que agora ele tem permissão de seus diretores para "substituir-se" enquanto continua a receber seu salário como diretor de produção e editor de rádio. Agora os diretores planejam ampliar o departamento de produção como unidade geradora de lucro e sabem que haverá um tempo em que esse diretor terá de escolher entre fazer o trabalho de edição, ou de anúncios de rádio, e obter novos clientes para a produtora. Nesse ponto, os diretores esperam que ele contrate alguém para ajudá-lo com a edição de rádio e com o controle da produção. Você percebe o que ele estará pronto para fazer em um curto espaço de tempo? Exatamente: compartilhar o conhecimento. Ele está a caminho de enriquecer. "Venda a venda" ao seu chefe, e você estará a caminho de enriquecer também. Pense nisso.

CAPÍTULO 10

Sucessos e Fracassos na Aplicação do Pilar Dois

O Pilar Dois explica que você precisa **compartilhar o conhecimento** se quiser enriquecer. Isso significa que você deve tornar-se responsivo, mas não responsável – vou explicar isso no final deste capítulo. É fácil pensar

> *Quando eu falo para compartilhar o conhecimento, refiro-me a ensinar e fazer com que o aluno bote a mão na massa para aprender.*

que seria simples mostrar às pessoas como, quando, onde e por que você "faz o seu fazer". E por que não seria divertido ensinar aos outros o que você faz, de forma que possam começar a fazer a mesma coisa no seu lugar, liberando tempo para você ir atrás de seus interesses? Mas você ficaria surpreso de ver quantas pessoas são incapazes de diminuir seu ritmo para terem tempo de compartilhar o conhecimento. Elas permitem que seus funcionários fiquem observando e acompanhando as atividades delas na esperança de que aprendam. Mas é como pedir que alguém sente na cabine de um avião com o piloto e esperar que a pessoa aprenda a pilotar um 747 algum dia. Seria uma estupidez. Quando eu falo para compartilhar o conhecimento, refiro-me a ensinar e fazer com que o aluno bote a mão na massa para aprender. Isso significa que você deverá diminuir seu ritmo, ser paciente, roer um pouco as unhas e permitir que a outra pessoa cometa erros para tornar-se melhor do que você naquilo que faz. Muitos mentores, por alguma razão, sentem necessidade de serem sempre os maiorais, mais espertos e melhores do que as pessoas a quem estão ensinando. Isso é errado! Quando falo em compartilhar o conhecimento, tenho a expectativa de que as pessoas que você está treinando façam um dia o que você faz, e ainda melhor que você.

Não Posso nem Vou Ensinar

Na minha agência de publicidade temos um dos editores de vídeo mais rápidos do mundo. Sem dúvida, nunca vi um editor que tivesse esse nível de rapidez e qualidade. Ele é duas vezes mais rápido do que qualquer outro editor, e a qualidade do trabalho nunca deixou a desejar por causa da velocidade. O problema é que ele não consegue ensinar ninguém a ser melhor que ele. Não consegue ter paciência para pessoas mais lentas ou não tão boas quanto ele. É incapaz de relaxar e deixar que seus alunos editem os vídeos e apertem os botões. Nada disso! Seria para ele um esforço tremendo ter esse tipo de paciência, então prefere que os alunos assistam e façam perguntas quando houver. Mas, quando alguém faz uma pergunta, ele diz: "Na verdade, agora não tenho tempo de explicar isso". Então, se queremos que um novo editor seja treinado, temos de pedir a um editor mais lento, mais paciente e menos competente para ensinar. É assim que funciona, e é assim que funciona com a maioria dos empreendedores. São incapazes de parar um pouco para dedicar-se à atividade mais importante ao enriquecimento, que é a de compartilhar o conhecimento. É triste, mas verdadeiro. Então, esses empreendedores continuarão a fazer o fazer pelo restante de suas vidas, e até ganhar um bom dinheiro, mas nunca ficarão ricos.

Você deve estar disposto a abrir mão de parte das atividades para ter tempo de ensinar, até que a pessoa que o está substituindo seja melhor que você; do contrário, não será capaz de avançar para o próximo pilar. Se você tentar ir para o Pilar Três sem completar o Pilar Dois, morrerá na praia. Dividir sua riqueza com os outros antes que eles sejam melhores que você significa que você ganhará menos dinheiro. As pessoas que você ensina e treina têm de *merecer* o direito de ganhar as riquezas que você quer compartilhar com elas. Você saberá que é hora de compartilhar a riqueza quando, e só quando, eles forem melhores que você no que faz. Mas tenha cuidado: às vezes se leva tempo demais passando conhecimento e esperando que os pupilos cheguem a um bom nível. Se você vem ensinando uma pessoa que parece estar demorando para "pegar o jeito", é possível que ela não seja a pessoa certa. É preciso ser esperto o suficiente para perceber que aquela pessoa nunca alcançará o nível de qualidade esperado pelos seus clientes e consumidores; será preciso não insistir no treinamento dela. As pessoas que você contrata para melhorar a companhia devem ser aprendizes rápidos e trabalhadores empenhados. Há muito por aí, mas será preciso procurar bastante e manter as expectativas lá no alto.

Saiba Quais São Suas Competências

Em nossa agência de publicidade, tivemos que escolher entre 10 a 15 pessoas para o comando de nosso novo programa para o aumento de vendas e assinaturas de contratos, até que finalmente encontramos a pessoa perfeita. Ela é uma das diretoras em nossa agência. Se você está tentando encaixar alguém quadrado em uma função redonda, é bom que perceba o erro logo no começo. Não fique tentando mudar a pessoa ou a função. Você nunca conseguirá parar de fazer o fazer se não encontrar a pessoa certa. Uma vez pedi que uma artista da agência ficasse à frente do setor de relações públicas e comunicação corporativa da companhia. Na minha cabeça, ela era perfeita para o trabalho. Ela poderia ter ganhado muito mais dinheiro nessa posição. Mesmo assim, após um espaço bem curto de tempo, ela foi suficientemente sábia para dizer: "Sou uma artista. Amo ser artista. Não quero estar em relações públicas. Amo criar e desenvolver *outdoors*, é com isso que me dou bem. Obrigada pela oferta, mas estou feliz como artista gráfica; é isso que eu quero continuar sendo". Apreciei enormemente sua honestidade. Ela poupou à companhia, a si mesma e a mim vários meses de frustração. Nem todos nós podemos ser artistas.

E nem todos nós fomos feitos para administrar. Nem todos se satisfazem em qualquer função. A maioria de nós tende a, no fim, seguir o coração e escolher o que realmente quer fazer. Essas são as pessoas sábias e lucrativas que queremos trabalhando para nós. Eu poderia administrar uma estação de rádio; tenho a vontade e o conhecimento para fazê-lo. Mas, se tivesse de trabalhar nisso todos os dias da minha vida, eu odiaria. Sou um empreendedor, e sei disso. O mesmo acontece com as pessoas que você contrata para ficar no seu lugar e ganhar dinheiro para você. Elas têm de querer ser você. Elas têm de querer ser melhores que você. Elas têm de levantar da cama todos os dias de manhã dizendo: "Eu amo o que faço. É divertido. Sou a pessoa mais sortuda do mundo". Certo, talvez seja exagero, mas você entende o que quero dizer.

Dinheiro ou Diversão?

Uma vez contratamos um agente de imóveis para trabalhar em nossa imobiliária. Ele ganhava bastante dinheiro, mas não era bem o que queria fazer. Ele me contou que queria ser artista e pintor, e que negociava imóveis para ganhar dinheiro suficiente para poder pintar. À primeira vista, esse cara não parece ser alguém com quem você desejaria compartilhar o conhecimento. Sejamos lógicos: é comum não saber, de fato, o que se quer da vida. Fui locutor e apresentador de rádio por aproximadamente 15 anos, e adorava. Trabalhei nisso mesmo cuidando de outros negócios. Eu ficava no ar das 6 às 9 horas da manhã e então saía para o trabalho. Eu ainda estaria no rádio se pudesse arcar com isso, mas o tempo, a energia e os recursos despendidos não valiam a pena, pelo salário que me pagavam. Para ter o rendimento que eu queria, na época, eu teria que trabalhar em vários lugares, coisa que eu não estava a fim de fazer. Mas até hoje, quando ouço rádio, penso: "Eu faria muito melhor". Atualmente, a mesma coisa acontece com várias pessoas, assim como para aquele agente imobiliário e para mim mesmo. Aquilo que *amamos* fazer nunca trará dinheiro suficiente para bancar o estilo de vida que desejamos. Claro que não quero desencorajar pintores e artistas de rádio, mas às vezes é preciso escolher entre o dinheiro e a fama. Outras, é preciso escolher entre dinheiro e diversão. Eu escolhi o dinheiro e escolhi ser dono de empresas legais de gerir. O mesmo aconteceu com meu amigo agente imobiliário. Um dia ele veio conversar comigo e disse: "Só quero pintar por diversão. Estou me divertindo demais e ganhando muito dinheiro no setor imobiliário que agora quero ser um agente imobiliário ainda melhor e deixar a pintura para o meu tempo livre. Você poderia ser meu tutor e me ensinar?" Bem, o resto é história. Hoje ele ganha muito bem com o mercado imobiliário. Ele ama o que faz, mas não tem mais tempo de vender e listar; hoje, administra nossa imobiliária e ajuda mais de cem outros agentes a atingirem suas metas. Compartilhamos o conhecimento e ele aproveitou o que aprendeu para contribuir com a empresa de forma maior e mais lucrativa do que jamais poderíamos ter feito sem ele.

Agora, é preciso que você seja responsivo, e não responsável. Isso significa que deve ser **responsivo** às necessidades, questões e preocupações da equipe, mas **não deve ser o responsável por fazer o fazer**. Uma vez que já treinou a equipe e compartilhou o conhecimento com eles, deve deixar que façam o fazer, ou eles nunca aprenderão de verdade. O conhecimento aplicado é o verdadeiro conhecimento; o conhecimento sem aplicação não vale nada. Saber tudo sobre natação não adianta nada, a menos que você pule na água e nade.

Compartilhe seu conhecimento com quem trabalha para você e deixe que compartilhem esse conhecimento com outros. Então você poderá torná-los ricos, tornando-se ainda mais rico no processo. Já mencionei antes que: "Quando o aluno estiver pronto, o professor vai aparecer". Bem, eu vou inverter a frase, dizendo: "Quando o professor estiver pronto, o aluno vai aparecer". Não só precisamos do aluno certo para fazer funcionar o Pilar Dois como também precisamos do professor certo: você! Pense nisso.

CAPÍTULO 11

Sucessos e Fracassos na Aplicação do Pilar Três

O Pilar Três, como você sabe, é aquele em que você compartilha a riqueza. É possível que a princípio você pense que esse compartilhamento é para o benefício do seu pupilo ou aluno. Embora essa seja uma razão, não é a

> *Quando você paga a alguém mais do que ele receberia fazendo o mesmo trabalho em outro lugar, você tem a segurança de que os gerentes e líderes da sua empresa não irão abandoná-lo.*

razão relacionada a **ser rico**. Você está compartilhando a riqueza para ter mais riqueza; e, se não está disposto a compartilhá-la, não poderá ficar rico. Parece um pouco paradoxo, mas é verdade: compartilhar a riqueza permite que você se torne mais rico e, quanto mais você compartilha, mais rico ficará. Deixe-me explicar novamente. Quando você paga a alguém mais do que ele receberia fazendo o mesmo trabalho em outro lugar, você tem a segurança de que os gerentes e líderes da sua empresa não irão abandoná-lo. Essas pessoas que você treinou, ensinou, encorajou, com as quais compartilhou conhecimento e nas quais agora confia, têm que saber que estão ganhando uma fatia do bolo. Além de ganhar bem, também terão participação nos lucros líquidos. Quanto melhor eles se saírem em seu trabalho, mais ganharão. É claro que eles têm que amar (ou pelo menos apreciar) o que fazem, mas você vai se ver livre dos preguiçosos logo no começo. As pessoas que estão com você *querem* trabalhar para você e com você, e adoram o que fazem. Então pague bem a elas e nunca irão embora. Lembre-se: se o seu pessoal for embora, você perde dinheiro. Custaria uma fortuna recomeçar todo o processo.

Mantenha a Equipe

Fui orientador de carreira de um amigo que reclamava não conseguir manter os bons funcionários. Ele tem uma empresa de paisagismo e perdia lucro por causa dos concorrentes que contratavam imigrantes ilegais, pagando-lhes quase nada pelo mesmo trabalho. Ele dizia que paisagismo era trabalho duro e que era quase impossível encontrar pessoas que fizessem bem o serviço além de darem conta do trabalho manual. E me perguntou o que eu faria. Indaguei-lhe quanto tempo ele levava para treinar alguém para fazer os serviços de paisagismo que ele fazia. Ele respondeu que levava de quatro a seis semanas. Então repliquei que, se eu havia entendido corretamente, isso significa que uma pessoa leva de quatro a seis semanas para atingir um desempenho máximo no trabalho, e ele concordou. Então eu lhe disse que ele perdia produtividade toda vez que um de seus funcionários saía, por causa do tempo necessário para treiná-los e torná-los eficientes. Ele me disse que, no período de treinamento, os funcionários trabalhavam mais lentamente, e tempo era dinheiro para ele. Ele cobrava dos clientes um preço fixo, mas pagava os funcionários por hora de trabalho. E, quanto mais lentamente trabalhassem, maior era o custo e menor era o lucro para ele. Tempo e desempenho eram a chave da renda de sua empresa. Então eu disse que não haveria dificuldade: tudo o que ele teria de fazer era manter a equipe por mais tempo, e conseguiria ganhar mais dinheiro. Simples. É claro que ele queria saber como fazer isso, então eu lhe disse para pagar mais aos funcionários. E ele respondeu que já estava pagando a média do mercado, e eu disse: **"Pague mais"**. Pague a eles o dobro do que ganhariam em qualquer outra empresa e eles nunca o abandonarão. Irão até fazer recrutamento por você. Falarão a todos os amigos de você e da sua empresa, e nunca faltarão funcionários.

Então fizemos as contas, e ele ficou boquiaberto: os números não mentiam. Contratações e recontratações, perda de produtividade, perda de clientes por serviço mal-feito, sempre começar do zero, nunca saber no dia a dia se ele mesmo teria de trabalhar para terminar o serviço, a impossibilidade de expandir e fazer a empresa crescer; tudo isso custava ao meu amigo muito mais dinheiro do que simplesmente pagar aos funcionários uma quantia maior (e *muito* maior, na verdade) do que poderiam ganhar em qualquer outro lugar, fazendo o mesmo serviço. O resultado é que, quando os funcionários permanecem por mais tempo, os líderes e gerentes ganham competência para substituir você; assim, será possível parar de compartilhar conhecimento e começar a compartilhar de boa vontade a riqueza – de forma que você fique mais rico.

Pague-lhes mais antes que Eles Peçam

Quando os funcionários deixam a empresa, o custo é bem maior do que simplesmente pagar-lhes mais para que fiquem. Quando você dá aos líderes e gerentes a habilidade de ganhar muito mais obtendo uma fatia dos lucros, eles pensarão duas vezes antes de abandonarem você, mesmo nos dias ruins; além disso, apreciarão ainda mais o trabalho. Este é um segredo do sucesso: **pague-lhes mais antes**! Uma das regras do compartilhamento da riqueza é aumentar livremente o pagamento *antes* que eles peçam. Eu recentemente prestei consultoria a uma companhia cuja política era não pagar mais a não ser que o funcionário pedisse; e, mesmo assim, eles pagavam apenas metade do que havia sido pedido. A lógica era, se contratam as pessoas por um preço, por que haveriam de pagar-lhes mais? Afinal, a pessoa havia concordado em trabalhar por aquela quantia. **Mas, assim como a maioria das empresas, viviam reclamando do excesso de rotatividade dos funcionários**. O índice de rotatividade dos funcionários era de 143%. Sei que parece inacreditável, mas é um fato. E estou aqui para dizer que você não pode ter um índice de rotatividade de funcionários de 143% e esperar ter lucro. Você passará todo o tempo contratando e treinando. O maior problema era, ainda, que as pessoas que ficavam eram funcionários de nível C e D. A empresa não conseguia manter os de nível A e B e demitia os de nível F (aqueles que não trabalhavam e não queriam trabalhar). Esses são fáceis de demitir. Então, essa retenção de funcionários C e D significava que o trabalho estava sendo feito sem qualidade, lentamente, de qualquer jeito e de forma ineficiente, causando uma perda de clientes maior que o ganho deles, cujo índice de satisfação estava abaixo de 40%. É de se espantar? Todos os bons líderes, gerentes e funcionários haviam saído da empresa, porque queriam mais dinheiro e havia outras companhias dispostas a pagar mais. Então, pague-lhes mais antes! Quando um funcionário decide sair, é tarde demais para aumentar o salário dele. Já passou pela porta de saída! Já seguiu em frente. Não faça com que o seu pessoal gaste as horas do almoço procurando um novo emprego. Pague-lhes mais, e mais eles proporcionarão.

Venho prestando consultoria a uma empresa que tem a política de: "Há mais como eles de onde eles vieram". Isso significa que um macaco poderia fazer o serviço. Se um macaco não quiser trabalhar ali, haverá muitos outros macacos na selva. Eles estão certos em parte: para o tipo de trabalho manual que eles oferecem, que não exige grandes habilidades e sobre o qual não há muitas expectativas, não é preciso fazer muito esforço para pensar. Mas, mesmo nesses tipos de trabalho, se você paga mais à equipe, acabará encontrando pessoas "empolgadas". Elas se tornarão alguns dos seus funcionários mais leais e às vezes até bons amigos. Não há nada mais gratificante para mim do que dar uma mãozinha a alguém e vê-lo superar-se e tornar-se muito bom. Não acontece sempre, mas ocorre mais do que você pensa. Então, tudo se resume a: se você quer aumentar os resultados dos lucros, pague mais ao seu pessoal. Tente pagar a eles duas vezes mais do que poderiam ganhar realizando a mesma função em qualquer outro lugar, e eles o tornarão rico. Pense nisso.

CAPÍTULO 12

Sucessos e Fracassos na Aplicação do Pilar Quatro

Como já comentei antes, esse pilar é o mais difícil de realizar corretamente, mas não é possível enriquecer sem compreender os princípios dele. A razão pela qual esse pilar é tão difícil de entender, dominar e aplicar é que as

> *É preciso provar que você tem uma empresa de verdade antes de sair contratando alguém com quem irá compartilhar conhecimento e riqueza.*

pessoas tentam chegar nele muito rápido, ou acabam nunca chegando nele – não dá para enriquecer em nenhum desses dois casos. Deixe-me explicar.

Um Passo de Cada Vez

Sou consultor de uma empresa que tentou pular o Pilar Um e ir o mais rápido possível até o Pilar Quatro. Esses homens de negócios esqueceram da regra do Pilar Um, que diz: não se podem compartilhar o conhecimento e a riqueza até que *você*, principalmente por meio de seus próprios esforços, esteja 70% do tempo ocupado e perceba que, se não conseguir ajuda logo, ficará 100% do tempo trabalhando e incapaz de crescer. A empresa desenvolveu uma ideia e imediatamente contratou pessoas que a vendessem aos clientes, mesmo antes de se prevenirem contra os problemas que poderiam aparecer. Não haviam desenvolvido sistemas para evitar erros humanos nem cometido erros o suficiente para poderem dizer aos outros o que *não* fazer. Não se pode pular do Pilar Um para o Pilar Quatro antes de estar pronto. Você ficará preso no cimento dos negócios e não conseguirá sair; estará causando o seu fracasso em um curto espaço de tempo.

Se você estiver apenas 10% do tempo ocupado e então tentar parar de fazer o fazer (Pilar Quatro), esperando que alguém contratado o faça, estará enganando a si mesmo. Você não tem uma empresa de verdade. É preciso *provar* que você tem uma empresa de verdade *antes* de sair contratando alguém com quem irá compartilhar conhecimento e riqueza. *Você* tem de fazer o fazer por tempo suficiente para estar apto a compartilhar o que sabe com os outros, além de dividir parte do trabalho e da responsabilidade com eles de forma que possa haver crescimento. Se tudo o que você quer é contratar um assistente que faça todo o seu trabalho para que você possa jogar golfe todos os dias, então não prestou atenção ao que eu disse. Você tem de fazer o fazer até ser necessário dividir o trabalho, a responsabilidade, as obrigações e o conhecimento com outros para evitar que você tenha de trabalhar 18 horas por dia e que morra de um ataque cardíaco aos 45 anos de idade. Acredite em mim: quando chegar a hora de contratar, você vai saber. Não será preciso perguntar a ninguém.

Arrumando mais Negócios

Aqui, no Pilar Quatro, é hora de fazer apenas uma coisa: arrumar mais clientes! É isso mesmo; tudo o que você fará é arrumar mais negócios para a sua empresa. Você é o vendedor que obtém o negócio para que os outros façam o fazer enquanto você enriquece. Acho importante não esquecer que obter mais clientes que comprem seus produtos ou serviços é responsabilidade sua, e não de um funcionário. Você precisa ouvir o que as pessoas estão dizendo, responder a críticas, negociar contratos, marcar reuniões, desenvolver estratégias de marketing e material de publicidade, e assim por diante. Você precisa ser o melhor vendedor do seu produto ou serviço.

Entretanto, lembre-se de que as vendas são tudo o que você faz, de fato; haverá outros para administrar os negócios e atender aos clientes por você. Depois de um tempo, quando você estiver muito ocupado arrumando mais negócios, será preciso contratar alguém de vendas com quem você irá compartilhar o conhecimento e a riqueza. Saberá que é hora de contratar essa pessoa quando você estiver perdendo bons negócios. Quando perceber que um vendedor profissionalmente treinado como você poderia ajudá-lo a duplicar ou triplicar as vendas, é hora de contratar. A contratação não custará dinheiro, pois você estará perdendo dinheiro se não contratar. Quando estiver 70% a 80% do tempo ocupado e souber que há potencial para muito mais negócios por aí, contrate alguém.

Hora de Parar de Fazer o Fazer

Haverá um ponto em que as vendas estarão a todo vapor e a pessoa (ou pessoas) que você contratou estará vendendo bem sem você; essa é a hora de parar de vender e **parar completamente de fazer o fazer**. Então você poderá se tornar presidente do conselho diretor, e seus líderes, diretores e gerentes irão se reportar a você para receberem conselhos sobre como administrar a companhia. Você estabelecerá padrões de qualidade que eles deverão alcançar e trabalhará bastante junto a eles para ajudar a atingir as metas da empresa. Mas lembre-se: você faz nada. Como mencionei anteriormente, tenho os seguintes dizeres na minha escrivaninha: "Quero que minhas empresas e seus funcionários consigam fazer hoje o máximo que for possível *sem que eu tenha de fazer nada!*", e isso não é fácil. Você vai querer interferir e dizer a seus líderes e diretores o que fazer, ou pior, vai querer fazer você mesmo. Lembre-se: se cumpriu todos os passos da forma certa, então é pior do que os outros que contratou para fazer o trabalho. Lembre-se de que você os treinou e compartilhou com eles o conhecimento para que viessem a ser melhores do que você. Não se recontrate; você não é tão bom quanto eles. Você precisa ser um ótimo presidente, porque é um péssimo funcionário. Se for tentado a se recontratar porque seu pessoal não está fazendo um trabalho suficientemente bom, significa que você não conseguiu compartilhar direito o conhecimento com eles. Pense nisso.

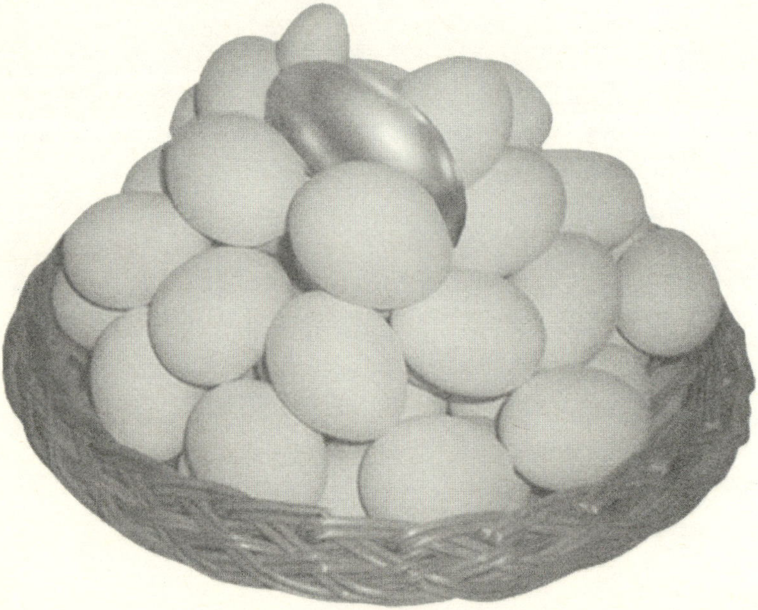

CAPÍTULO 13

Pegue a Bola e Corra para o Gol

Então é isso: muito trabalho duro, um pouco de mágica e Quatro Pilares da Riqueza que são infalíveis. Essa fórmula e esse sistema funcionarão para qualquer negócio, independentemente do tamanho ou de quando foi criado, seja há meses ou anos. Esse sistema funciona 100% do tempo, não importa o que aconteça. Já foi posto à prova por dezenas de milhares de empreendimentos e nunca falhou.

> *Ser rico não tem a ver com números, mas com estilo de vida. Ser rico significa números e estilos de vida diferentes para cada um de nós.*

Seja Qual For o Seu Estilo de Vida – Seja Rico

Escrevi este livro para ajudar pessoas a enriquecer, se quiserem. Quão rico você quer ficar depende de você. Eu nunca acreditei que o dinheiro resolvesse todos os problemas – muitas vezes ele cria mais problemas do que soluções. A única coisa que resulta de ter dinheiro é poder parar de se preocupar com dinheiro. Lembre-se: ser rico não tem a ver com números, mas com estilo de vida. Ser rico significa números e estilos de vida diferentes para cada um de nós; você decide qual será o número, você decide qual será o estilo de vida. Mas seja rico. Ser um empreendedor de sucesso requer muito trabalho duro... mas vale a pena. Comandar e administrar um negócio, seja o seu próprio ou o dos outros, é trabalho duro... mas vale a pena. Ter paciência suficiente para compartilhar o conhecimento é trabalho duro... mas vale a pena. É difícil ter fé suficiente para compartilhar a riqueza, tornando-se rico... mas vale a pena. Trabalhar muito todos os dias para conseguir fazer o máximo possível sem fazer nada também é difícil... mas vale a pena. Você pode fazer tudo isso. Não deixe que o medo o impeça de enriquecer. Não deixe que a impaciência o impeça de enriquecer. Não deixe que a sua cobiça o impeça de enriquecer. Não deixe que o seu orgulho o impeça de enriquecer.

Você pode ter o que quiser. Não tem como fracassar! Este é o *seu* novo começo! **Pegue a bola e corra para o gol!** Ser rico é bom! Pense nisso.

O Autor

Larry John é homem de negócios, autor, orientador de carreiras, pensador e fundador do site *The Pragmatic Thinker* [O Pensador Pragmático] (www.thepragmaticthinker.com). Nasceu em Mesa, Arizona, em 1948. É filho de Charles Floyd John e Opal John. Ele quase que literalmente nasceu no negócio de publicidade e radiofusão: já aos 3 anos de idade, apresentava-se e cantava para a família e os amigos. Aos 5 anos, tornou-se um dos apresentadores de um programa semanal da rádio e TV locais de Phoenix, o *The Lew King Ranger Show*. Larry cantava, sapateava, atuava, anunciava e fazia comerciais ao vivo até os seus 16 anos, quando ele se apaixonou pelo *rock-'n'-roll*). Ele amava música e tocava bateria, violão, piano, baixo, além de ter cantado em bandas locais da região de Phoenix durante a adolescência. Aos 10 anos, passou a tocar bateria em uma banda de jazz, a The Mesa Imps, e continuou a tocar em bandas por mais de 30 anos. Ainda toca, de tempos em tempos.

Larry ganhou uma bolsa de estudos para o curso de música e artes dramáticas da Universidade Estadual do Arizona, onde estudou por dois anos. Passou os dois últimos anos de faculdade na Universidade Brigham Young, em Utah, onde obteve o diploma de bacharel em radiofusão. Durante os anos de universidade em Utah, Larry tocou em bandas de rock e música country, além de ter por 10 anos seu próprio programa de TV, *Hotel Balderdash*, em Salt Lake City. Naquela época ele também apresentava programas de rádio matinais em várias estações de rádio e tinha seu próprio jornal, o *The Desert Gazette*. Foi também durante esses anos em Utah que Larry criou sua própria agência de publicidade.

Larry também se interessa muito pelo mercado de imóveis. Tornou-se agente imobiliário e montou sua própria imobiliária. Em 1982, retornou com a família para o Arizona, onde criou a Larry John Advertising and Public Relations [Agência de Publicidade e Relações Públicas Larry John]. Em 1984, fez uma parceria com seu amigo de infância, o advogado John Wright, para formar as empresas Larry John Wright Advertising, Inc., Larry John Wright Real Estate, Inc., John Wright Sales and Marketing, Larry John Wright Morales Hispanic Advertising, Inc. e a L-K Livestock Company. Em 1998, Larry começou seu programa diário, o *Larry John and the Hot Tub Radio Party*, transmitido por 25 estações de rádio durante três anos.

A Larry John Wright tem uma equipe que conta com aproximadamente 50 profissionais e com clientes de propaganda e marketing em mais de 200 mercados espalhados pelos Estados Unidos. A LJW tem escritórios e estúdios de radiofusão e artes gráficas em Phoenix, com filiais em Salt Lake City, San Diego e Filadélfia.

Além de ter seus negócios, em 2001, Larry tornou-se orientador de carreiras, atividade em que aconselha e presta consultoria a indivíduos e empreendimentos para ajudá-los a definir metas com clareza e alcançá-las.

Em 2003, foi incluso no Hall da Fama da Associação de Empresas Radiofusoras do Arizona, que lhe prestou homenagens por suas contribuições por mais de 50 anos de rádio e propaganda.

Larry escreve há anos, e gosta muito; além de seus comentários como Pensador Pragmático, tem uma coluna semanal sobre imóveis no *Arizona Tribune* e cinco programas de Rádio e TV semanais, com o nome de *Take a Minute to Think About It* [Pare um Minuto para Pensar sobre Isso]. Os programas são transmitidos a vários mercados por todo o país.

Larry e sua esposa, Michal, são casados há mais de 30 anos e têm sete filhos: Jessica, Sam, Joe, Preston, David, Kim e Jackie, além de dez netos. Larry e Michal têm, cada um, sua própria moto Harley-Davidson, que adoram pilotar. Já se ouviu Larry dizer: "Se eu morrer na minha Harley, será um ótimo jeito de partir!".

Larry e Michal adoram seu lar em Lehi, Arizona, uma comunidade de "caubóis" nos arredores de Mesa. Também passam o máximo de tempo possível em sua casa em Maui e na fazenda Rendezvous Ranch, ao norte do Arizona, onde criam cavalos da raça Rocky Mountain e se deliciam com os céus do lugar.

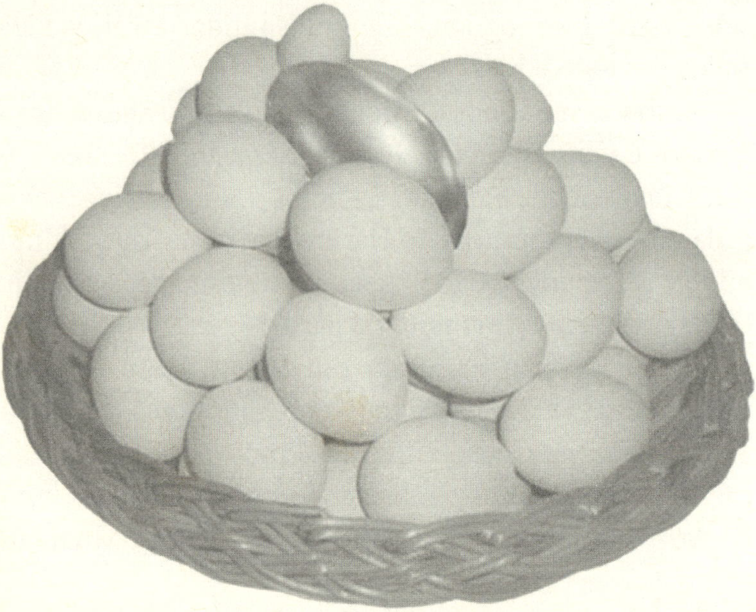

Agradecimentos

Gostaria de começar expressando minha gratidão sincera à minha esposa e companheira por 31 anos, Michal, por seu apoio constante e sua dedicação em me ajudar a escrever este livro. Sem a ajuda e a orientação dela, teria sido impossível o livro sair. Ela passou várias horas de seu tempo examinando o conteúdo para ter certeza de que cada detalhe que eu desejava explicar estava compreensível. Ela é uma ótima companheira. Também quero agradecer aos meus filhos, Jessica, Sam, Joe, Preston, David, Kim e Jackie, por me encorajarem a escrever o livro. Frequentemente me lembravam de que ele precisava ser escrito e de que, na maioria dos casos, "em casa de ferreiro, espeto de pau"; queriam ter certeza de que tanto eles quanto seus próprios filhos poderiam ter acesso, na forma escrita, aos meus pensamentos sobre o maravilhoso mundo dos empreendimentos e dos negócios.

Também gostaria de expressar minha apreciação ao meu parceiro de negócios há mais de 20 anos, John Wright, por seu apoio. Ele me permitiu o tempo necessário para escrever um livro, além dos recursos de nossa empresa para que o projeto ficasse pronto. Também gostaria de agradecer a Scott Anderson, meu amigo e sócio de longa data, pelo apoio e orientação. Scott não só me deu encorajamento para a publicação deste livro; ele é também a voz e o talentoso apresentador por trás do meu programa de TV e de rádio, *Take a Minute to Think About It*. É claro que eu quero agradecer a Mary Anderson, talentosa revisora que me cedeu várias horas de seu tempo com revisão e sugestões técnicas. Também agradeço a Sarah Carter, que virou minha editora-chefe de talento. Ela tentou assegurar-se de que o conteúdo e a informação no livro fossem bem escritos, ao mesmo tempo em que se manteve o sabor da informação. Também gostaria de agradecer a Katie John por toda a sua colaboração. Quando se trata de negócios e dinheiro, devo muito ao meu tio Arthur Reeve Beals. Reeve sabia mais sobre o dinheiro do que qualquer pessoa que eu já conheci, e transmitiu um pouco desse conhecimento para mim. Eu o agradeço por isso.

Por último, mas não menos importante, quero expressar minha apreciação e meu amor por minha mãe e meu pai, Opal e Floyd John. Mamãe me criou para ser uma pessoa questionadora. Ela adorava ler e gostava de pensar de um ponto de vista amplo. Amava a vida e as pessoas, e era verdadeiramente uma das pessoas mais sábias que conheci. Tinha um coração do tamanho do mundo e um cérebro à altura. Papai me ensinou a importância de pôr a mão na massa. Passou-me essa lição enquanto cavávamos fossos toda noite após o jantar. Ao cortarmos o mato do fosso ao mesmo tempo em que falávamos da vida, ele me ensinou muitas lições que até hoje considero preciosas. Papai amava e respeitava os homens de negócios e empreendedores que trabalham duro, e admirava suas façanhas. Nunca houve pais melhores do que eles.

MADRAS® Editora

Para mais informações sobre a Madras Editora, sua história no mercado editorial e seu catálogo de títulos publicados:

Entre e cadastre-se no site:

www.madras.com.br

Para mensagens, parcerias, sugestões e dúvidas, mande-nos um e-mail:

marketing@madras.com.br

SAIBA MAIS

Saiba mais sobre nossos lançamentos, autores e eventos seguindo-nos no facebook e twitter:

@madrased

/madraseditora